BUONAPARTE

ET

LA DERNIÈRE CONSTITUTION.

PRIX, 2 FRANCS.

IMPRIMERIE DE J.-L. CHANSON.

BUONAPARTE

ET

LA DERNIÈRE CONSTITUTION.

RÉFLEXIONS SUR L'ACTE CONSTITUTIONNEL DES FRANÇAIS.

PAR P.-G. ALLAIN, AVOCAT A TOURS.

A PARIS,

CHEZ CHANSON, IMPRIMEUR-LIBRAIRE,

RUE DES MATHURINS, N° 10;

ET LES MARCHANDS DE NOUVEAUTÉS.

1814.

BUONAPARTE

ET

LA DERNIÈRE CONSTITUTION.

RÉFLEXIONS SUR L'ACTE CONSTITUTIONNEL DES FRANÇAIS.

La Constitution d'un grand État monarchique est véritablement le grand œuvre : l'érudition, l'expérience et le génie sont insuffisans pour l'accomplir; l'Histoire nous en offre la preuve. Mais s'il faut que la sagesse humaine s'humilie devant la sagesse divine, en reconnaissant qu'elle ne peut créer des institutions aussi durables que le monde, cependant il est vrai que les institutions des hommes ont eu d'autant plus de durée, qu'elles ont le plus approché de la perfection.

Les assemblées ont fait connaître et ont fait naître des orateurs célèbres; mais elles n'ont pu produire une bonne Constitution.

Il n'y a qu'une tête qui soit capable de créer

un chef-d'œuvre. Se livrant sans contrariété à l'étude de tous les rapports, balançant dans le calme tous les inconvéniens, empruntant dans la législation de chaque peuple ce qu'elle offre de meilleur, profondément pénétré du passé, prévoyant un long avenir, écoutant avec docilité l'avis des sages; un homme seul, exempt de préjugés, de passions, au-dessus de tout intérêt personnel, comme Lycurgue, comme Solon, peut offrir à une Nation une Constitution capable de résister aux événemens qui, d'un siècle à l'autre, menacent de renverser les États.

Mais dans le siècle où nous vivons, au milieu d'événemens extraordinaires, parmi tant d'intérêts particuliers, quel homme pourrait être appelé pour se charger d'une tâche aussi imposante?

Quel homme pourrait commander cette haute confiance qui est le nerf des institutions, et qui peut en garantir la durée?

Si nous étions Israélites, ce serait le prophète Moïse qui proclama la loi du haut du mont Sinaï, loi que nous observons encore; ou le grand roi Salomon, dont les sublimes maximes passeront à tous les siècles.

Si nous étions Romains, ce serait un Numa Pompilius, un Marc-Aurèle, princes justement admirés, qui firent le bonheur de leurs peuples.

Nous sommes Français: que ne prenons-nous l'homme que la Providence, que le doigt de Dieu nous montre ? Après vingt-cinq ans de souffrances, mûri par une longue expérience, élevé sur le bouclier par les magnanimes Souverains de l'Europe, il s'avance vers nous, l'olivier d'une main et ses titres augustes de l'autre; il vient faire cesser nos maux, et il ne veut régner que par les lois. Digne héritier du trône, des vertus et de la sagesse de saint Louis et de Charles V, illustre rejeton des Bourbons, sa parole royale serait un gage sacré; et peut-être qu'enfin, éclairé par les inspirations de la Divinité, ce Prince, qui chérit ses peuples, laisserait à la postérité un monument de sagesse et de gloire.

Mais, hélas! que de craintes, que d'écueils encore!.....

Le législateur des chrétiens même, s'il descendait comme homme sur la scène du monde, ne pourrait apaiser toutes les inquiétudes : il faut aux hommes des prodiges. Eh bien! que ceux qui ne peuvent croire que ce qui ébranle leur imagination, que ce qui confond leur jugement, que ceux-là veuillent achever la lecture de cet opuscule, et peut-être reconnaîtront-ils que la venue de Louis XVIII en France, libérateur, pacificateur et père de son peuple, est un de ces événemens extraordinaires, réservés par la Toute-Puissance pour confondre l'orgueil et les projets des hommes, et pour leur donner le plus éclatant témoignage du triomphe de la justice et de la vertu sur toutes les iniquités.

Mais prenons les choses dans l'état où elles se trouvent, et n'anticipons pas.

Les hommes d'État qui ont proposé et rédigé le nouvel Acte constitutionnel sont recommandables par leurs profondes connaissances et par leur dévouement héroïque; mais ils n'ont pas été placés dans la situation favorable du législateur qui médite dans le plus grand calme tout ce qui peut le plus contribuer au bonheur d'une Nation. Précurseurs de la paix générale, marchant au milieu des intérêts et des passions, il fallait qu'ils s'appliquassent à les désarmer, à les tranquilliser, plutôt que de porter au désespoir leur sombre défiance. La Nation, menacée depuis six mois d'une épouvantable catastrophe par les adresses, les discours, les proclamations et les journaux, avait besoin d'être tout-à-coup rassurée.

Aujourd'hui qu'il est bien reconnu que l'imposture seule imagine les projets de démembrement de notre pays, de notre réduction à l'esclavage et de vengeances effroyables, en représailles des iniquités et des horreurs qui se sont passées sous nos yeux; aujourd'hui qu'il est certain que, comme par miracle, nous sommes encore appelés à prendre un rang parmi les grandes Nations, et à nous donner des lois qui puissent assurer notre prospérité ; aujourd'hui, dis-je, nous devons élever notre pensée vers l'intérêt général, fouler aux pieds les petits intérêts particuliers, et, prenant de grandes leçons dans nos malheurs, rejeter tout ce qui serait dangereux; il nous faut rivaliser en loyauté, en générosité et invoquer la sagesse à notre secours.

Le vulgaire, semblable aux enfans, oublie la vraie cause de ses maux presque aussitôt qu'ils sont passés, et il est toujours prêt à suivre les impressions des hommes artificieux qui ont intérêt de le tromper. Il est donc nécessaire, dans les grands événemens surtout, de lui faire voir la profondeur du précipice d'où il vient de sortir, et de lui parler le langage ferme et mâle de la vérité.

Avant de lui faire connaître les raisons pour lesquelles il nous semble que l'Acte constitutionnel doit subir des changemens, il faut attirer ses yeux vers le passé.

Que personne ne dise qu'il faut brûler l'Histoire de notre révolution, et nous considérer comme un peuple nouveau ; nous ne serions pas corrigés ; nous ferions fautes sur fautes.

Qu'on ne dise pas non plus qu'en rappelant le passé on réveille les haines, on excite les divisions ; il faut y puiser des idées et des preuves, pour démontrer la nécessité qu'il y a de jeter de solides bases ; et d'ailleurs n'importe-t-il pas que ces exemples frappans restent sous les yeux de tous, pour leur faire détester les funestes effets de l'improbité, de la corruption et de l'asservissement des âmes, et pour leur faire chérir d'autant plus la régénération et le règne des vertus ?

Présentons donc quelques rapides réflexions qui puissent ouvrir tous les yeux sur les funestes effets des Gouvernemens illégitimes.

L'usurpation est un des plus grands fléaux qui puissent frapper une Nation civilisée ; elle est un horrible crime, parce qu'elle traîne tous les autres à sa suite.

L'usurpateur, en opposition constante au vœu de la partie éclairée et vertueuse de la Nation, doit vouloir tous les moyens pour se maintenir et se conserver, et il en use, quelque odieux qu'ils soient. Les usurpateurs, comme les tyrans, se ressemblent presque tous en plusieurs points et par plusieurs traits.

L'asservissement des peuples est nécessairement la suite de l'usurpation, quand même l'usurpateur n'aurait pas eu ce but.

Quelques heureuses réformes d'abord, pour le bonheur du peuple, tiennent en suspens et en extase la multitude. L'usurpateur met en œuvre tous les genres de séduction pour augmenter le nombre de ses partisans. Ambitieux, mercenaires, mécontens, malheureux, les opprimés, car il y en eut toujours, les criminels même, pour obtenir l'impunité, tous accourent pour se ranger sous ses lois; mais quelle que soit son application, des sources dans lesquelles il va puiser des conseils et des complices, il ne peut sortir que des maux. Il ne suffit point qu'il paye, qu'il récompense; il faut qu'il comble, qu'il enrichisse, qu'il fasse couler à grands flots les trésors, et qu'il prodigue les honneurs et les dignités. On célèbre sa libéralité, sa grandeur; mais le vrai, le bon peuple est écrasé. En vain du centre et des extrémités de l'empire, comme par un mot d'ordre magique, les adulateurs s'efforcent de couvrir les justes murmures; en vain, se constituant les interprètes des sentimens d'admiration des peuples qu'ils oppriment, ils veulent en imposer sur la misère publique; chaque jour le prestige se dissipe, chaque jour l'imposture excite le mépris et l'indignation. Le moment est venu de comprimer la vérité courageuse et de détourner tous les esprits des maux de l'Etat. On fait jouer alors le ressort des passions haineuses en excitant ou entretenant les petites rivalités, les basses jalousies, les divisions, les discordes entre les classes de citoyens. Les liens de famille s'affaiblissent, se rompent; les cœurs se paralysent, et l'égoïsme le plus parfait devient la morale à la mode. Une armée d'espions, de délateurs dans toutes les professions, devient indispensable pour prévenir tout mouvement; les cachots se remplissent; un silence ténébreux sur le sort des victimes, ou des assassinats judiciaires achèvent d'isoler les citoyens, et de les faire trembler dans leurs relations domestiques même. On ne croit plus à aucunes vertus; elles sont dédaignées ou suspectes; les injustices, les vexations, les rapines, les trahisons jouissent seules du privilége d'étaler leur turpitude, parce qu'elles sont ouvertement protégées. La grande majorité de la Nation souffre; tout gémit, mais tout tremble.... Quelques âmes énergiques dévorent dans leurs cœurs la honte de la Nation; elles voudraient la sauver. Vœu impuissant ! il n'y a pas de ralliement possible ; une armée entière garde un seul homme, et d'ailleurs dans cet affaissement général un autre usurpateur épie l'instant pour succéder.

Et cependant encore, chose remarquable, dans les temps les plus affreux de la tyrannie ; les intrigans, gens à tous masques, de toutes mains, avares fastueux, prodigues inutiles, insultent à la misère publique par le spectacle d'un luxe aussi insolent, que faux et dangereux ; et tandis qu'on retombe dans l'ignorance, qu'on recule à grands pas vers la barbarie, ils égarent encore quelques esprits, en vantant les progrès des arts et la prospérité du commerce.

Quelques usurpateurs ont pu vouloir gouverner avec sagesse s'ils n'éprouvaient pas d'obstacles ; mais ne s'étant pas abusés sur la possibilité de grands événemens, ils ont dû se familiariser avec les crimes qui pourraient les maintenir ou leur asservir le peuple, et ils n'y auraient pas songé, qu'ils y auraient été entraînés par la force des circonstances, et par la haine toujours constante que leur portent les gens de bien.

Usurpateur ou scélérat sera toujours une même chose.

L'usurpateur est bien plus dangereux qu'un Roi légitime qui devient tyran ; le crime de l'un ne promet à la Nation qu'il opprime qu'une suite de troubles, de crimes, de guerres cruelles, de fléaux, de successeurs immoraux, et souvent plus cruels, jusqu'à ce que son odieuse race ait été affermie sur le trône usurpé. Le Roi légitime, devenu tyran, fera presque toujours place à un bon Roi, parce que cet héritier sentira le besoin, pour conserver un trône légitime, de faire oublier les maux du règne précédent.

Marius et Sylla se disputent l'autorité suprême. Sylla triomphe de son ennemi ; il se baigne dans le sang des plus illustres citoyens ; il donne aux dénonciateurs et à ses satellites les biens des malheureux proscrits, et c'est lui qui fraye à César le chemin à l'usurpation de l'autorité suprême ; celui-ci, frappé, puni en plein Sénat, laisse encore des partisans de son usurpation. Rome pendant trois jours entiers est livrée aux horreurs des massacres et des proscriptions, par Lépide, Antoine, et cet Octave, surnommé Auguste ; par ces trois monstres qui, pour mieux assouvir leurs vengeances particulières, se livrent réciproquement en compensations leurs parens ou leurs amis, que l'un d'eux réclame pour les faire assassiner.

Cet Auguste ! pour faire regretter son règne, n'adopta-t-il pas un Tibère, cet individu morose et sombre, haineux, jaloux des talens et des vertus, ce monstre empoisonneur de Germanicus, ce tyran raffiné, couvert de forfaits, cet infâme luxurieux de l'île de Caprée, qui pendant une trop longue vie abreuva de mépris et remplit de terreur un Sénat qui n'osa le renverser ?

De quels grands crimes ne se couvre pas l'hypocrite Cromwel ! Il fait tomber la tête de l'infortuné Charles, de son roi ; il chasse à coups de fouet ce vil parlement, l'instrument de son régicide ; il renverse la Charte constitutionnelle, et, sous le titre de protecteur de la République, il usurpe l'autorité souveraine. Sans la fidélité, sans l'habilité de Monk, qui parvint enfin à rétablir Charles II, l'héritier du trône, l'Angleterre, livrée à l'inhabilité du fils de Cromwel, aux factions, à l'anarchie, et peut-être à un despotisme affreux, aurait pour jamais perdu sa gloire et sa splendeur ; car, qu'on s'en rappelle toujours, les Nations sont exposées à de grandes calamités, et quand elles y sont plongées, elles les imputent toujours à l'usurpateur ou à son successeur abhorré ;

elles épient le moment de se soulever, de venger l'affront qu'elles ont reçu en se soumettant aux lois d'un imposteur; mais souvent il n'est plus temps : la tyrannie a jeté de trop profondes racines, et ces convulsions déchirantes, ces révolutions sanglantes ne font souvent que les précipiter dans les bras d'un usurpateur plus féroce.

L'Histoire romaine, vaste théâtre, source féconde de grands exemples, ne nous fait-elle pas voir les diverses armées de ce peuple nommer chacune leur Empereur, ces Empereurs combattre l'un contre l'autre; se succédant l'un à l'autre, souvent tirés de la lie des esclaves, et tombant assassinés par ces mêmes soldats qui les avaient élus?

Mais de nos jours combien se sont arraché l'autorité suprême! Après que le plus humain, le meilleur des Rois eut succombé sous les traits des plus noires calomnies, et qu'il eut été livré à la hache des bourreaux par une conjuration qui menaçait tous les trônes, ne vit-on pas un homme aspirant encore à l'autorité suprême s'abreuver du sang des plus redoutables de son parti qui voulaient la lui disputer? Il faisait assassiner judiciairement quiconque l'ombrageait par sa haine, par ses vertus et par son silence même. Des formalités dérisoires lui paraissant trop longues, il faisait foudroyer en masse les habitans d'une cité par un Collot-d'Herbois, par un Brutus Buonaparte; cet hypocrite et féroce tribun, pétri de fiel, dont l'esprit s'étudiait à rendre tout suspect pour diviser tout, dont la bouche distillait tous les poisons de la calomnie, ce tigre, après avoir porté sa tête sur l'échafaud, laisse encore des idolâtres de son règne et de sa tyrannie.

Le peuple est déchiré par les partis, par les factions : on lui promet enfin une Constitution; mais sitôt qu'elle paraît, on y attache des conditions qui empoisonnent ce bienfait tant promis, tant attendu: piége affreux, machiavélique intrigue pour soulever tous les honnêtes gens et pour perpétuer, par un dernier coup de terreur, des scélérats dans le Gouvernement! On s'émeut, on s'agite, et alors est appelé un Corse, vomi de l'antre des jacobins, Brutus Buonaparte, dont les forfaits étaient encore ignorés par la plus grande partie de la Nation. Le Corse paraît, et par ses *savantes dispositions*, qui consistent à braquer des canons à l'embouchure de rues étroites, peuplées de citoyens qui n'avaient jamais porté les armes, ce génie, en faisant vomir la mitraille sur des milliers de bourgeois, ouvre au Directoire le chemin de l'autorité suprême.

Celui-ci, créé par un fantôme de représentation nationale, se lasse bientôt de ceux dont il tient le pouvoir, et par un grand coup veut se débarrasser des hommes énergiques qui l'offusquent; il les décime, fait fusiller les uns et déporter les autres. Ils souffrent sur leur passage mille outrages par une canaille salariée, et mille morts jusqu'au lieu d'exil, par les plus indignes traitemens.

Cette autorité suprême dévore bientôt elle-même ses propres membres. Exténuée, expirante, elle appelle encore à son secours le Corse téméraire qui alla trop tard en Égypte pour y jouer le rôle de Mahomet. Le Directoire se garde bien de mettre à découvert sa méchanceté, ses crimes et la férocité de son âme. On ne connaissait pas publiquement cette lettre affreuse de décembre 1793, adressée aux représentans Robespierre jeune et Fréron, dont chaque mot, pesé par la cruauté, fait dresser les cheveux, et dénote une barbare adulation.

CITOYENS REPRÉSENTANS,

C'est du champ de la gloire, *marchant dans le sang* des traîtres, que *je vous annonce avec joie* que vos ordres sont exécutés, et que la France est vengée; *ni l'âge, ni le sexe n'ont été épargnés.* Ceux qui avaient seulement été blessés par le canon républicain ont été *dépêchés* par le glaive de la *liberté* et par la baïonnette de *l'égalité*.

Signé BRUTUS BUONAPARTE,
Citoyen sans-culotte.

Voilà donc ce héros qui guérira nos maux. Il vient, il promet à tous, il fait faire une Constitution et il usurpe le fauteuil consulaire pour dix ans. Ce terme est bientôt trop court pour le récompenser des commencemens de son administration. L'ambitieux effraie les gens sages en se faisant offrir le consulat à vie. *Ambitio non respicit.* Cette dernière usurpation lui a réussi, elle l'encourage. Il faut aller beaucoup plus haut. Héritier de Robespierre, il suit sa politique. Quelques royalistes ont paru, il faut imaginer une vaste conspiration qui enveloppe ses compétiteurs, ses rivaux et ses ennemis. Il est profond de contre-balancer le forfait de Robespierre par un autre qui l'égale, afin d'offrir une garantie à ceux qui ayant proscrit les héritiers légitimes du trône, l'y feront monter pour leur propre sécurité. Partout il est affiché que des brigands ont conspiré pour la royauté, et dans la longue nomenclature se trouvent compris Moreau et Pichegru; Moreau, ce bon général, si avare de sang humain, qui conduisit les Français à d'honorables victoires, et dont la retraite mémorable est placée, par les hommes de l'art, à côté de celle de Xénophon.

Basse et indigne jalousie ! Un héros couvert de gloire, sur un banc d'accusés, et prêt à périr par une condamnation impérieusement commandée ! Sans le courage de ses défenseurs, sans l'indignation générale qui éclata de toutes parts, l'usurpateur allait assassiner ce héros français. Mais il lui faut cependant d'illustres morts. Il torture et étrangle Pichegru, et dans le lugubre silence d'une nuit il assassine l'illustre descendant d'un Prince du sang, digne espoir de sa Maison, le duc d'Enghien.

Le sang coule sur les échafauds pour une prétendue conjuration de royalistes; et quinze jours après, *marchant* dans leur sang, en étant encore tout dégouttant, il se fait offrir à genoux, pour ainsi dire, une couronne par le Tribunat et le Sénat; et quelle couronne! La couronne des Rois était trop modeste, trop simple pour un si grand homme, pour un si grand génie. D'ailleurs Louis XVIII, roi légitime de France, n'était pas oublié ; et Napoléon Ier, roi de France par usurpation, aurait réveillé trop d'idées. Il fallait un grand titre, un titre nouveau qui renfermât tous les autres; c'est la couronne des Césars et le titre d'Empereur qu'il faut à Brutus Buonaparte. A Brutus!.... Peut-on se jouer plus indignement d'une Nation?

Comme en changeant les mots on dénature les idées et les mœurs, comme on éloigne les rapports, et comme on différencie les conséquences! En reportant les esprits sur César, sur Trajan, sur Adrien, on promet de grandes choses, on enflamme l'imagination d'une jeunesse ardente; elle va voir un grand siècle; et l'on fait oublier saint Louis, assis au pied d'un chêne, rendant la justice à ses sujets; le sage Charles V; Louis XII, le père du peuple; François Ier, le preux des chevaliers; le brave et franc Henri IV, clément par grandeur d'âme, et non, comme Octave, par politique; le siècle célèbre de Louis XIV, le vainqueur de Fontenoy; la grande probité et la noble et sainte résignation de Louis XVI; car, du moment qu'il tombe dans l'infortune, il imite la grandeur de Jésus-Christ dans ses souffrances, et il monte au ciel en disant : Mon Dieu, pardonnez-leur; car ils ne savent ce qu'ils font.

C'est encore ainsi que l'empirique, en donnant à tous l'espoir faux et insensé de devenir aisément chevaliers, barons, comtes, ducs et princes, en enflammant l'orgueil, en irritant l'ambition d'une génération ignorante qui commence; c'est ainsi qu'il faisait dédaigner les bienfaits d'un règne juste et modéré, les préceptes d'une sage et sàine politique, qu'il encourageait à troubler, piller, saccager les peuples, à renverser les trônes, et qu'il infectait les esprits des maximes atroces de Machiavel.

Jeunes gens, crédules et aveugles, dont on voulait égarer la raison, dont on étouffait les dispositions naturelles, et que l'on a privé des vrais, des utiles talens, en vous arrêtant dans la carrière, regardez encore en frémissant les horribles effets du charlatanisme d'un usurpateur. Vous étiez fils, vous aviez des frères, des sœurs; il fallait tout quitter et rompre pour jamais ces liens si doux qui sont le charme de la vie et la consolation des maux; vous étiez destinés à d'honnêtes, à d'honorables professions, à vous établir dans le sein de votre famille, à devenir époux et pères, et l'usurpateur vous avait condamnés à mener pour toujours une vie errante, vagabonde et misérable; vous aviez des amis, mais vous ne deviez plus connaître les devoirs, les douceurs et les consolations inappréciables de l'amitié. Il fallait vous sécher le cœur, et voir tomber froidement à vos pieds cet ami de votre enfance qui ne vous aurait jamais quitté, ou le voir traîner captif sous le pôle glacé, sans qu'il vous fût permis de le secourir ou de le suivre : vos concitoyens, vos frères d'un département résistaient à des ordres tyranniques ; ils demandaient du pain que le tyran cachait pour affamer le peuple, et pour le vendre au poids de l'or ; vous étiez obligés de porter les armes contre eux ; vous faisiez la guerre civile, pour mettre dans les fers ceux qui avaient bien mérité en résistant au tyran : au lieu de secourir des opprimés, vous alliez donner la main à leur exécution sanglante ; vous étiez humains, probes ; mais manquant de tout, irrités par la souffrance de toutes les misères, sans cesse exposés à périr sous une discipline sauvage, vous alliez devenir cruels et féroces : ce spectacle tant de fois répété, si barbarement exalté, de champs de bataille couverts de morts mutilés et déchirés par lambeaux, de villes embrasées ; ces affreux bulletins, écrits à la clarté des flammes par un nouveau Phalaris. « Les Français, dans une belle nuit d'août, ont eu le » spectacle de Smolensck embrasée, comme

» s'ils eussent vu l'éruption du mont Vésuve ». Leur mépris atroce de l'espèce humaine, après des milliers d'hommes blessés et tués. « Nous » n'avons perdu personne de marque ». Toutes ces indignités allaient vous accoutumer à compter pour rien la vie de l'homme paisible, à ravir ses troupeaux, à incendier sa chaumière; et si vous n'eussiez pas péri dans les déserts, dans les flammes ou sur les marches du tabernacle que votre main sacrilége aurait violé, vous n'eussiez rapporté dans vos foyers que des infirmités, que des vices, que des cœurs barbares, indignes de goûter jamais le prix des vertus sociales.

Turenne! grand capitaine, vraiment digne de Louis-le-Grand!

Pour conquérir le monde entier, il ne lui aurait fallu, disait-il, que cinquante mille grenadiers français; et Buonaparte, après avoir fait périr des millions de Français, n'a pu défendre le faubourg Saint-Denys; mais Turenne parlait de l'art de la guerre, de la vraie guerre, et non de l'irruption des Goths et des Vendales.

Buonaparte courait d'usurpations en usurpations, de crimes en crimes; ce n'était plus une armée disciplinée de volontaires, qui dès leur jeunesse se vouent à la carrière des armes : tout devenait soldat, sans distinction d'âge ni de profession. Dans un pays civilisé, livré aux sciences, aux arts, au commerce, les individus les moins propres à courber sous le régime militaire, et à supporter des fatigues inouies, étaient obligés de suivre servilement cet aventurier, afin d'arrêter les flots de l'Europe entière outragée, levée en masse par ses folies sanguinaires. Certes, quand toutes les Nations se soulèvent, ce ne sont plus des guerres pour défendre les justes droits d'un Monarque ou d'un État quelconque, c'est un cri général d'extermination. Il ne s'agit plus d'armées, mais de millions d'hommes acharnés à s'entre-détruire. Le droit des gens et des Nations n'existe plus.

Lorsque l'adulation célébrait des exploits faits à coups d'hommes, et cette rapidité de l'aigle qui faisait fondre en charrettes l'armée d'Espagne sur les peuples du Nord, les gens raisonnables souriaient de pitié; ils frémissaient d'indignation en voyant l'élite de l'armée transportée et pressée comme des animaux, tout à découvert, sans mouvement possible, exposée à toute l'inclémence des saisons, privée de toute espèce de repos. Les gens raisonnables voyaient pâlir l'étoile du grand génie.

Ayant épuisé tous ses trésors, ne pouvant plus vêtir, nourrir ni payer des masses énormes, il vouait l'errante et malheureuse population à la famine et à la peste. Pour ménager le peu de troupes aguerries qui lui restaient, il exposait à une mort certaine des milliers d'individus sans instruction et sans la moindre expérience. Il nous amenait à grands pas vers les siècles d'invasion, de carnage, d'incendie et de barbarie. Insensible à tant de maux qui allaient toujours croissans, sacrifiant même tous ceux dont il avait reçu la puissance, et qui, pour le soutenir, avaient passé toutes les bornes, ne pensant qu'à lui, qu'à son trône, *modò imperet*, ne pensant qu'à sa vengeance, après d'humiliantes défaites, après des fuites qui ont fait périr des armées entières, trop attaché à la vie pour mourir d'un noble désespoir, il voulut, par une catastrophe bien digne des commencemens de Brutus Buonaparte, montrer jusqu'à quels excès inouïs il était capable de se porter.

Quatre cent milliers de poudre devaient, par ses ordres, faire sauter une ville d'un million d'habitans, tombée au pouvoir des Puissances alliées. Vieillards, femmes, enfans, troupes, tout eut péri par ce forfait, ou dans les horreurs du carnage que cette perfidie aurait infailliblement provoqué ; et le génie eut dit ensuite d'un ton prophétique, en calomniant d'un trait une grande et malheureuse cité, que Paris n'était point l'Empire français, que Paris était un piége où il avait attendu ses ennemis, et que par un grand coup d'État et une mesure de la plus vaste conception il avait sauvé l'Empire. Il l'aurait dit, et, d'un bout de l'Empire à l'autre, ses paroles, respectées et commentées avec emphase, auraient encore trouvé de sots admirateurs. *O serve pecus !*

Monstre, digne émule de Néron qui brûla Rome, digne imitateur des extravagances d'un Caligula, l'ignorance et la cupidité regretteront seules ton règne exécrable. L'Histoire et la postérité, que ta fourberie a tant de fois invoquées, maintenant que le masque est tout-à-fait tombé, ne parleront de toi que pour épouvanter nos neveux, au seul nom d'usurpateur. Oui, l'Histoire ancienne et moderne nous offre à tous cette grande vérité : C'est sur des cadavres amoncelés dans une mer de sang que se sont élevés les trônes des usurpateurs.

Après d'aussi terribles leçons que nous donne cette succession d'usurpateurs depuis notre dernier roi légitime, après les outrages sanglans, les ravages et les crimes de Buonaparte au nom du peuple français et comme son Empereur, de quelle admiration ne devons-nous pas être pénétrés pour la magnanimité de ces Souverains tour-à-tour trompés, dont les États ont été bouleversés et les trônes menacés! pour ces Souverains victorieux qui, au lieu de se venger, nous montrent nos Rois légitimes et nous disent : « Français, gardez votre territoire, donnez-vous les lois qui vous seront convenables ; nous ne sommes point venus pour vous conquérir, pour vous donner des fers ; mais nous sommes venus pour renverser l'usurpateur, le tyran, l'homme né pour détruire, le fléau du monde : vous êtes rendus à une noble et sage liberté ».

Quel saisissement de crainte ne devons-nous pas cependant éprouver, nous qui avons l'expérience de l'extrême mobilité de nos institutions, lorsque le bonheur ou le malheur de nous et de notre postérité va dépendre des lois que nous nous donnerons !

L'Acte constitutionnel décrété par le Sénat est un œuvre de trois jours. Cet Acte a été discuté, accueilli et accepté par le Sénat et par le Corps législatif, d'après la proposition d'un Gouvernement provisoire de cinq membres, auquel nous devons réellement le salut de l'État ; mais cet Acte a été projeté, rédigé et accepté avant même que l'usurpateur, vaincu à la vérité, eût été réellement désarmé, et avant que ses plus ardens partisans aient quitté ses drapeaux et reconnu le Roi légitime. Cet Acte ne doit-il pas être considéré comme un manifeste d'intentions pacifiques et magnanimes des Souverains alliés et du Prince dont ils ont embrassé la cause, un manifeste contenant des bases, proposé par l'entremise d'un Gouvernement provisoire digne d'inspirer la confiance, et dans lequel manifeste, toujours par un esprit de paix, on a consenti d'insérer ce que l'intérêt particulier désirait ?

Cet Acte n'est-il pas enfin plutôt un projet de transaction à discuter par le Souverain et par la Nation, plutôt qu'un Acte constitutionnel ?

Quel qu'il soit, si l'intérêt général cependant réclamait des changemens, s'il était démontré qu'inspiré, nécessité par la circonstance, il ne portât pas avec lui la garantie d'une longue durée, pourquoi s'exposerait-on encore aux malheurs effroyables que nous avons esquissés, et qui sont les funestes fruits de l'imperfection de nos institutions? Pendant qu'il en est temps encore, que tous examinent, approfondissent, que tous les hommes animés du véritable amour de la patrie, qui ne peuvent voir qu'avec joie et attendrissement le retour de nos Rois légitimes, qui désirent qu'ils soient chéris et révérés, et que nous vivions à l'avenir en paix; que tous redoublent de zèle et d'efforts pour proposer des vues sages.

Heureux si, par quelques observatious judicieuses, je puis démontrer la nécessité d'un nouvel examen de cet Acte constitutionnel! Heureux si je puis déterminer des hommes éclairés et vraiment capables à s'occuper d'un acte aussi important! Pressé par le temps, j'écris à la dictée de mon âme; j'improvise, pour ainsi dire, et je suis trop pénétré de la haute importance d'une Charte constitutionnelle, pour me croire capable de hasarder des projets. Qu'on ne voie donc dans les réflexions qui vont suivre que l'expression d'un zèle pur et sincère. Avec ces longs détours en usage pendant le règne des tyrans, je pourrais faire sourire la malignité : je n'ai point ce but. Je vois les choses et non les hommes, et si la matière et les circonstances m'obligent à parler d'eux, il faut que je sois intelligible pour tous ceux qui apportent un grand intérêt à notre Acte constitutionnel.

Si beaucoup, comme je n'en doute pas, pensent de même que moi, je m'applaudirai d'avoir été l'organe de leurs sentimens, et d'avoir ouvert le champ à une des plus belles discussions qui puissent intéresser notre Nation sur la question suivante : On a abattu successivement les usurpateurs et les tyrans; mais quels sont les moyens doux et infaillibles cependant, dans les circonstances actuelles pour donner à la France une noble et sage liberté, et pour prévenir à jamais le retour de l'usurpation et de la tyrannie?

ACTE CONSTITUTIONNEL
DES FRANÇAIS.

Cet Acte est le sixième depuis vingt-cinq ans.

La Constitution de l'Assemblée constituante a été suspendue par les efforts multipliés du parti qui voulait la république.

La Constitution démocratique de Herault de Sechelles, créée dans un repas chez Venua, traiteur, fut ensevelie dans les cartons des Comités de salut public et de sûreté générale; le Gouvernement fut déclaré révolutionnaire jusqu'à la paix.

La Constitution, après la chute de Robespierre qui créait un Conseil des Cinq-Cents, un Conseil des Anciens et un Directoire exécutif, s'écroula avec le Directoire.

La Constitution, qui établit un Tribunat, un Sénat conservateur, un Corps législatif et trois Consuls, n'exista plus que de nom, du moment que Buonaparte usurpa le consulat à vie; et elle fut entièrement détruite aussitôt que cet usurpateur se fut emparé de la couronne impériale ; car les sénatus-consulte qu'il fit rendre pour asseoir sa domination et sa dynastie, changeant la forme du Gouvernement, étaient réellement constitutionnels, puisque au lieu d'une république, un empire héréditaire devenait une loi fondamentale.

De toutes ces Constitutions il ne reste que le mot et qu'un fatal souvenir ; de sorte que le mot *Constitution*, qui offrait à l'esprit une foule de grandes idées, et qui devait imprimer un caractère imposant à tout ce qu'il promettait, ne présente plus aux Français, sans cesse trompés et fatigués, que l'idée d'une loi de circonstance.

Le long abus d'un mot en affaiblit la force, et l'avilit dans l'opinion publique ; et quoique les lexicographes lui continuent la même signification, cependant en politique on a reconnu souvent la nécessité de se servir de dénomination dont on n'ait pas abusé. De quoi n'a-t-on pas abusé ? dira-t-on. L'objection est juste ; mais ne conviendrait-il pas d'effacer de tristes souvenirs ?

SÉNAT CONSERVATEUR.

Sénat conservateur offre à nos esprits beaucoup d'idées.

Le Sénat doit être un corps vénérable, composé d'hommes recommandables par leurs services, par leurs vertus et par leurs lumières. Les hommes d'Etat qui jouissent de la meilleure réputation devraient tous y siéger. Cette dénomination est empruntée des Romains, chez lesquels le Sénat fut autant illustre dans les beaux temps de la République, qu'il fut avili et méprisable sous le règne des Empereurs.

Le Sénat qui laissa passer en loi que quiconque ne saluerait pas la statue de Tibère serait criminel de lèse-majesté; le Sénat qui, sous Caïus Caligula, allait rendre des honneurs à son cheval; le Sénat qui, sous Néron, fit rendre grâces aux Dieux, et mettre au nombre des jours heureux celui où ce monstre fit ouvrir les entrailles de sa mère pour reconnaître la place où il fut porté : de tels Sénats, qui subsistèrent si long-temps pour la honte et pour le malheur du Peuple romain, sont loin de nous offrir l'idée d'une grande institution pour défendre les droits d'une Nation contre la tyrannie et l'oppression d'un Empereur, tel méprisable serait-il.

En France, qu'est-ce que le Sénat conservateur a pu conserver sous cet Empereur, sous ce Brutus Buonaparte qu'il a placé sur le trône ? Rien.

Le tyran n'exigeait-il pas du Sénat conservateur des hommages, les plus grands éloges, des protestations d'amour, de respect, d'admiration, de dévouement et de reconnaissance, alors même que par ses crimes, que par ses extravagances, il précipitait tout l'Empire dans un abîme affreux ? N'exigea-t-il pas que plusieurs de ses membres, sous le titre de commissaires extraordinaires, allassent dans les départemens lever en masse les citoyens, établir des impôts, exercer la haute police ? Ne les a-t-il pas investis de tous les pouvoirs législatifs et exécutifs, et jusqu'à celui de créer des commissions militaires extraordinaires, pour faire punir ceux qui se révolteraient contre un ordre aussi épouvantable de choses? Enfin n'a-t-il pas rendu les sénateurs agens de son despotisme, de sa tyrannie, les échos de ses impostures, par ses proclamations et par les adresses qui empoisonnaient les départemens?

Si le Sénat conservateur n'a pu empêcher

Buonaparte de déchirer le Pacte constitutionnel, de lever des impôts arbitraires, d'être parjure, d'attenter à tous les droits du peuple, d'entreprendre des guerres injustes et criminelles, de rendre des décrets inconstitutionnels portant peine de mort, de violer les lois sur la liberté individuelle, d'anéantir la responsabilité des Ministres, de confondre tous les pouvoirs, d'attenter à la liberté de la presse, de se servir de la presse pour remplir la France et l'Europe de faits controuvés, d'impostures, et pour vomir des outrages contre les Puissances; d'altérer jusqu'aux actes et aux rapports du Sénat, de compromettre l'existence de la Nation par tous les fléaux; si le Sénat n'a pu s'opposer à ce que ses membres acceptassent ces monstrueuses commissions extraordinaires qui ont achevé de remplir de terreur toutes les âmes, qu'a-t-il donc conservé? L'Acte constitutionnel, émané d'un Sénat véritablement conservateur, acquerrait dans les esprits un si haut crédit, qu'on l'accueillerait peut-être sans aucun examen; mais un Sénat conservateur, qui de tous ses droits, de si grands pouvoirs, n'a conservé que son titre, n'offre réellement à notre idée qu'une réunion d'hommes opprimés par la plus horrible tyrannie, fatigués par de longues et amères souffrances, et qui ne peuvent émettre que des idées sur ce qu'ils croyent le plus convenable au bonheur de la Nation.

« Le Sénat conservateur, délibérant sur le projet de Constitution qui lui a été présenté par le Gouvernement provisoire, en exécution de l'acte du Sénat du 1er de ce mois ;

» Après avoir entendu le rapport d'une commission spéciale de sept membres,

Décrète ce qui suit :

Art. Ier. « Le Gouvernement français est monarchique et héréditaire de mâle en mâle, par ordre de primogéniture ».

Tout le monde sait que le Gouvernement monarchique est par essence un Gouvernement doux et tempéré; image du Gouvernement paternel, le Monarque gouverne ses peuples par la justice, d'après des lois fixes et établies. Dans le Gouvernement despotique au contraire, le Souverain ne connaît que sa volonté. Buonaparte établissait le despotisme militaire, Gouvernement le plus fatigant et le plus dur de tous. Il méprisait les lois constitutionnelles, les lois fixes et établies; ses décrets, rendus suivant ses caprices ou ses sombres fureurs, allaient devenir l'unique législation.

Bénissons l'événement qui rompt nos chaînes et qui nous rend un Gouvernement dont nous sommes privés depuis vingt-cinq ans. Désormais l'honnête homme ne sera point troublé pour ses biens, sa liberté, sa vie, et celle des siens, par de grandes pensées, par des décrets d'une tête sans cesse en fermentation ou en délire; l'honnête homme vivra en paix sous la protection de lois connues et fixes, et d'une justice bien administrée.

Art. II. « Le Peuple français appelle librement au trône de France, Louis-Stanislas-Xavier de France, frère du dernier Roi, et après lui, les autres membres de la maison de Bourbon, dans l'ordre ancien ».

Ceux qui n'existaient pas pendant le règne des Bourbons ne connaissent pas la différence de ce Gouvernement avec ceux de la Convention, du Directoire, du Consulat et de Buonaparte; mais qu'ils consultent les monumens que le règne des Bourbons nous a laissés, qu'ils réfléchissent, et ils reconnaîtront que nos Rois furent protecteurs des sciences et des arts, du commerce et de tous les genres d'industrie; que la France fut la patrie des plus grands hommes dans tous les genres; qu'elle était le pays d'abondance, de prospérité et de civilisation, et que tout ce qui a pu être créé de bon pendant la révolution n'est du qu'à des hommes qui avaient vécu pendant le règne des Bourbons.

La révolution et ses Gouvernemens successifs, en ouvrant la facilité d'essayer certaines institutions, ont pu faire naître des talens, agrandir quelques idées, apporter quelques perfectionnemens dans quelques parties; mais aussi que de fleuves de sang ont coulé pour des essais de vaine théorie! *Pulchra dicta, sed ab usu remota.* Cependant les idées mères existaient avant la révolution, et si les théories n'ont pas été mises en pratique, c'est que la Monarchie, gouvernement doux, tempéré et paternel, marchant avec une sage et juste circonspection, craint le danger des innovations, et, en supprimant un petit mal, d'en faire naître de beaucoup plus grands. Buonaparte, la lorgnette en main, voit une rue qui n'est pas droite; eh quoi! dit-il à ses courtisans, cette rue ou cette maison subsiste encore; et vîte il court dans un autre quartier censurer un autre alignement; des espions crient *Vive l'Empereur!* Et dès le lendemain les citoyens reçoivent ordre de déménager, pour voir abattre la maison, l'héritage où ils exerçaient avec avantage leur profession. Cela paraît très-grand à ceux qui gagnent; mais injuste et petit à ceux qui pensent. Beaucoup d'améliorations, d'embellissemens ne se doivent faire que petit à petit, sans secousse de fortunes et sans alarmer sur le sort des propriétés; car rien n'est stable, et à moins de reconstruire une ville tout-à-fait, on ne peut que très à la longue ramener une ville ancienne à un plan symétrique : la précipitation n'empêchera pas qu'il ne reste toujours des disparates.

En travaillant au bonheur de la génération présente on s'occupe réellement de la postérité, et en affectant de ne travailler que pour la postérité on ne prouve qu'une fausse grandeur; en sacrifiant tout à l'ostentation, on fait rougir les sujets de leur simplicité, de leur modestie; chacun suit le funeste exemple. On ne voit plus que banqueroutes sur banqueroutes, et le peuple meurt de faim au pied de la colonne Trajane.

La révolution et ses Gouvernemens successifs, bien examinés, ont ouvert la porte aux plus crians abus, aux rapines, aux vexations de toute espèce et à tous les genres d'oppression; ils ont tout démoralisé, tout appauvri, tout ruiné.

La jeunesse studieuse et laborieuse qui voudrait suivre la carrière des grandes chances, car l'art militaire, la marine et les colonies n'offraient-ils pas à une foule d'individus les moyens de s'illustrer et de s'enrichir? la jeunesse a donc plus à espérer réellement d'un Gouvernement essentiellement protecteur et stable, qui ouvre une infinité de ressources, que d'un Gouvernement militaire essentiellement despotique, bouffi de vaine ostentation, qui, ne pouvant parvenir par sa nature à être en paix avec les Nations voisines, n'a besoin que de l'obéissance passive du soldat, et qui ravit la jeunesse dans l'instant décisif de toute la vie, pour la dévouer à l'ignorance, à la misère, aux infirmités et à la mort.

Quant aux hommes mûrs qui ont vécu pendant le règne des Bourbons, il n'en est aucun de bonne foi dont les yeux ne se soient entièrement ouverts. La république dans un grand Etat est une fausse théorie; elle est la source des troubles et des guerres civiles : les horreurs de l'anarchie et de l'usurpation renversent le colosse au pied d'argile. Tous les hommes de bonne foi attribueront les excès du despotisme qui vient d'expirer aux terribles exemples d'asservissement qu'a donnés ce régime épouvantable, imaginé pour fonder la république et la faire triompher de tous les obstacles. Ce régime a facilité toutes les voies pour l'usurpation. Le patient qui va recevoir la mort accepterait avec reconnaissance la prison perpétuelle. Buonaparte n'a dû son règne qu'à l'extrême lassitude d'un Etat sans cesse révolutionnaire; l'ambition était tout son génie : s'il eut eu vraiment du génie, il aurait été bon, mais ferme; créateur, mais sage; grand capitaine, mais modeste et toujours pacificateur; grand politique, mais droit, fidèle et religieux dans ses traités; toujours défenseur de ses alliés, mais jamais usurpateur ni oppresseur. Buonaparte, sans vrai génie, a abusé de sa puissance et de la faiblesse d'âmes anéanties par la terreur, pour nous jeter dans un abîme de maux; il voulait dicter la loi sur un trône, après avoir mis le feu aux quatre coins et en conjurant la foudre sur sa tête.

Un successeur de sa race aurait été trop faible et n'aurait obtenu aucune confiance; il aurait été l'occasion des plus sanglantes guerres civiles. Buonaparte avait fait des blessures si cruelles, il s'était souillé de tant de crimes politiques, que son successeur aurait toujours été chancelant, et la France, réduite au dernier degré de misère, serait tombée par lambeaux entre les mains de vainqueurs justement irrités.

Les jeunes gens et les hommes mûrs qui sont de bonne-foi ne peuvent donc voir qu'avec une grande reconnaissance le libérateur qui nous a apporté des espérances de paix et de prospérité.

Mais les partisans de Buonaparte? car Robespierre en eut aussi. Beaucoup ont obtenu ce qu'ils désiraient, les richesses; ils pourront en jouir en paix. Mais ceux qui espéraient sans avoir obtenus? Qu'ils se retournent vers l'utilité publique; que de maux à réparer! que de travaux!

Mais les enthousiastes, les illuminés, les sectaires, les Séides du grand homme? Ils sont en bien petit nombre, comparativement avec une Nation de vingt-quatre millions d'hommes. C'était ce calcul qu'il fallait faire le jour où il usurpa le consulat à vie, et le jour, où encore après avoir mis en jugement les royalistes, il prit la couronne impériale. Mais tous n'ont-ils pas connu son ingratitude, comme il avilissait les hommes, et comme il sacrifiait ceux qui lui étaient le plus dévoués? Ses rapides revers avaient d'ailleurs tari pour jamais la source de ses largesses. Il allait exiger de ceux qu'il avait gorgés, et leurs richesses et leur propre vie, puisqu'il les exigeait de ceux qu'il devait le plus ménager. Mais si quelques esclaves trop avides, si quelques satrapes incapables de retourner à des sentimens généreux regrettaient encore la chute de l'oppresseur qui déshonorait le nom français, loin de mériter qu'on plaignît leur sort, ils mériteraient au contraire qu'on se réjouît de la nullité des plus dangereux ennemis de leur pays.

Bourbons! Princes intéressans par vos malheurs! illustres par la constance courageuse avec laquelle vous les avez supportés, qui n'avez jamais perdu l'espoir de rendre un jour votre peuple heureux, tous les vrais Français ont pleuré sur la mort de l'infortuné Louis. Isolés, divisés, opprimés comme ils le furent sous le dernier des usurpateurs, vainement ils implorèrent quelque bras puissant sous les bannières duquel ils pussent se rallier et marcher..... Combien de sujets fidèles, soupçonnés par leur triste silence, furent victimes de l'attachement qu'ils vous portaient! Mais ceux qui ont survécu ont toujours espéré; ils préparaient, autant qu'il était en leur pouvoir, les voies et les esprits, sans que la surveillance artificieuse de la plus prévoyante tyrannie pût ni les pénétrer, ni les empêcher. Les fidèles voyaient avec une extrême joie se rapprocher pas à pas le grand jour de la justice. Il est arrivé.

Dignes Bourbons! vous en fûtes témoins. Ce ne furent point les hommages mercenaires de la bassesse qui vous accueillirent sur le territoire de vos aïeux. Tous ont volé vers vous avec les transports de l'allégresse de bons fils qui revoient enfin un père chéri, dont ils ont été trop long-temps et cruellement privés. Comptez, Princes, comptez presque autant de zélés défenseurs que de Français. Vous les connaissez bien, ils reviennent aussi promptement qu'ils s'égarent; francs, généreux, intrépides, il ne leur faut qu'un bon chef. Le panache de Henri IV, ou l'étendard des Bourbons, rallieront toujours autour de vous tous les cœurs. Oui, le Peuple français vous appelle du fond de son cœur; son amour et son courage, dirigés par votre sagesse et par vos vertus paternelles, vous maintiendront, vous et tous vos descendans.

Art. III. « La Noblesse ancienne reprend ses titres; la nouvelle conserve les siens héréditairement. La Légion d'honneur est maintenue avec ses prérogatives; le Roi déterminera la décoration ».

La noblesse ancienne a été créée successivement de règne en règne ; elle fut la récompense de l'héroïsme, de longs services rendus à l'État. Les yeux, les esprits, la génération se sont habitués à voir ces maisons anoblies et à les respecter, et la noblesse n'a dégénéré dans l'esprit du peuple que lorsqu'elle a été trop multipliée, en l'accordant facilement à la richesse. Cette ancienne noblesse a été diminuée de beaucoup par les maux et par les proscriptions ; elle est presque ruinée. Elle intéresse puissamment tous ceux qui ont voué de l'attachement à la cause des Bourbons.

La noblesse actuelle a été créée par un coup de baguette, par des décrets, sans discernement des grands services d'avec les moindres, des vertus d'avec les vices. On voulait une noblesse, n'importe laquelle; elle a été décorée et habillée en toute hâte. La place seule a fait le noble, sans qu'il ait ennobli la place. Chose vraiment bizarre, on voit parmi les nobles actuels ceux qui ont demandé à grands cris la suppression de la noblesse, le brûlement de tous les titres, le serment de haine à la royauté, ceux qui ont provoqué et exécuté les mesures les plus rigoureuses pour que cet ordre ne se relevât jamais : machiavélisme du tyran, qui, pour identifier ces nouveaux nobles avec lui, se complaisait à les mettre en contradictions authentiques avec eux-mêmes; les accablant de titres et de décorations qu'ils avaient ridiculisés ou proscrits. La noblesse actuelle est très-riche et par trop nombreuse. Que d'inquiétudes ne pourrait-elle pas inspirer si l'ancienne se trouvait engloutie! Il ne faudrait peut-être qu'un mot, qu'une circonstance pour réveiller les haines. Cet article de l'Acte constitutionel pourra exciter de grandes rivalités et être la cause de querelles héréditaires dans les familles. Mais, dira-t-on, dans la noblesse actuelle n'y a-t-il pas des hommes qui ont bien mérité? Personne n'en doute; il y en a qui sont célèbres par leurs noms seuls. Pendant vingt-cinq ans les talens et les vertus n'ont pas été exilés de notre fécond territoire. Voilà les vrais nobles. La noblesse, bien distribuée, serait une récompense d'autant plus distinguée qu'elle serait moins commune, et que la Nation pourrait compter sur le mérite réel de ceux qui l'auraient obtenue.

Ces réflexions sont applicables à la Légion d'honneur. Combien de décorations n'ont pas été prostituées! Celui-ci l'a obtenue sans savoir pourquoi; et celui-là qui a tout fait, qui était digne d'être distingué, n'a pas même été honoré des regards d'un commis de tel bureau. Que de gens auxquels il ne fallait que de l'argent pour récompense, et auxquels on a donné une décoration qu'ils rendraient pour de l'argent!

Pourquoi donc, reconnaissant dans notre Roi cette impartialité qui distinguait Henri IV après les guerres civiles, cette générosité qui lui fit reconnaître les talens, les vertus de ses ennemis même; pourquoi les nobles actuels ne s'en rapporteraient-ils pas sur un point aussi essentiel pour l'avenir, à la justice, à la bonté et à la religion du Roi? Sa Majesté, environnée d'hommes pénétrés de ces sentimens, délicats sur le point d'honneur, et vraiment éclairés, ferait passer devant cet auguste jury tous les noms des candidats qui croiraient devoir se présenter, et accorderait à chacun le degré de noblesse et le titre dont elle le jugerait digne. Que dis-je? peut-être que dans la vie de celui-là même qui craindrait aujourd'hui une semblable épreuve il se trouverait quelques titres pour obtenir une distinction. Combien d'hommes ont été sincères dans leurs opinions, les ont professées et propagées dans de bonnes vues, et ont depuis tenu une conduite exemplaire!

Une noblesse ainsi accordée ne serait plus

celle donnée par un usurpateur; car, qu'on ne s'y trompe pas, celle-ci ne brillera jamais que d'un faible éclat aux yeux de ceux qui ont détesté la tyrannie : par les fers, les cachots et les baïonnettes on peut obtenir de la rage même une feinte obéissance, quelque asservissement, mais on ne commande pas l'amour et le vrai respect; le levain se concentre et fermente dans le fond du cœur : toute noblesse qui ne sera pas respectable aux yeux du peuple sera inutile, si elle n'est pas dangereuse.

Art. IV. « Le pouvoir exécutif appartient au Roi ».

Quoique cela s'entende bien, il semblerait que pour la majesté royale l'étendue de ce pouvoir devrait être marqué : la loi doit être, il est vrai, concise et précise; elle l'est peut-être trop en cet endroit, tandis que dans d'autres elle semblera trop prolixe.

Art. V. « Le Roi, le Sénat et le Corps législatif concourent à la formation des lois ».

Nous avons déjà parlé de la dénomination du Sénat. Il nous semble que le corps que l'on veut constituer n'est pas un Sénat, proprement dit; nous y reviendrons plus loin.

« Les projets de lois peuvent être également proposés dans le Sénat et dans le Corps législatif ».

Des lois pourront être proposées dans le Corps législatif sans qu'on veuille s'en occuper, et ainsi réciproquement.

« Ceux (les projets de loi) relatifs aux contributions ne peuvent l'être que dans le Corps législatif.

» Le Roi peut inviter également les deux Corps à s'occuper des objets qu'il juge convenables.

» La sanction du Roi est nécessaire pour le complément de la loi ».

Le Roi ne doit pas être réduit qu'à ne pouvoir inviter le Sénat et le Corps législatif des objets qu'il jugera convenable; car, si l'on ne défère pas à son invitation, la majesté royale sera compromise, et il importe que cette majesté royale soit révérée. La proposition d'une loi est un acte très-solennel, et dès que la Nation en a l'oreille frappée, il faut qu'elle connaise les justes motifs qui la font rejeter; mais aussi rappelons-nous les dangers incalculables de la censure faite publiquement de la proposition d'une loi par la majesté royale, ces motions séditieuses et tous ces troubles qui avaient pour prétexte le *veto*. Il semble donc que cet article V ne constitue que les bases, qu'il n'offre pas de garantie par un mode d'exécution et qu'il ne rassure pas contre des froissemens funestes entre les Corps d'Etat.

Art. VI. « Il y a cent cinquante sénateurs au moins, et deux cents au plus ».

Il semble qu'on aurait dû dire : Le nombre des sénateurs sera fixé par un article additionnel; car la formation du Sénat, le nombre des sénateurs, sont des articles vraiment constitutionnels.

Dans la formation par exemple, il importe de savoir quels ordres de l'Etat gouverneront en plus ou en moins. Si la majorité était militaire, c'est en vain qu'on espérerait la paix; nous verrions renaître le Gouvernement militaire.

Si la majorité était ecclésiastique, beaucoup craindraient le Gouvernement théocratique.

Et si elle était d'hommes de robe, beaucoup craindraient encore le règne des longues discussions et des formalistes.

Le mode de formation et la considération du nombre nous paraissent donc être d'une haute importance.

« Leur dignité est inamovible et héréditaire de mâle en mâle par primogéniture ; ils sont nommés par le Roi.

» Les sénateurs actuels, à l'exception de ceux qui renonceraient à la qualité de citoyens français, sont maintenus et font partie de ce nombre. La dotation actuelle du Sénat et des sénatoreries leur appartient. Les revenus en sont partagés également entre eux, et passent à leurs successeurs; le cas échéant de la mort d'un sénateur sans postérité masculine, sa portion retourne au trésor public. Les sénateurs qui seront nommés à l'avenir ne pourront avoir part à cette dotation ».

Un Sénat nommé par le Roi ne sera pas l'ombre même d'un Sénat, ce sera un noble collége de conseillers de Sa Majesté. L'hérédité de mâle en mâle, au lieu d'exciter une noble émulation, ne sera qu'un héritage qui pourra passer à l'individu le plus incapable. La dignité ne devenant insensiblement qu'un vain titre, l'institution sera nulle pour l'Etat. Quelle différence de cette institution dégénérée à celle des Parlemens qui ont tour-à-tour défendu leur Roi contre les factions et les usurpateurs, ou les peuples contre l'ambition et l'oppression des Ministres ! Notre Histoire fourmille de traits qui ont illustré les membres de ces respectables compagnies appliquées à l'étude des lois, adonnées à rendre la justice, loin du luxe corrupteur d'une capitale, versées dans la connaissance des localités, pénétrées des besoins et des droits d'une province, obligées d'être sinon des diplomates et des hommes d'Etat, au moins le centre des lumières en législation civile et criminelle; ils pouvaient faire de justes et d'utiles remontrances. Quoique les charges fussent héréditaires, le titulaire devait obtenir l'agrément de la compagnie et celui du Roi, et s'il n'eût pas réuni les qualités requises pour siéger parmi des magistrats, il n'aurait pas obtenu ces agrémens. Les abus sont des exceptions à la règle, qui ne font que la confirmer; si on les redoute tant d'un côté, pourquoi fermer les yeux tout-à-fait sur l'autre, quand les maux sont aussi récens, et quand une hérédité de mâle en mâle nous semble désespérante? Si le Sénat doit être le conservateur des prérogatives du trône contre les entreprises de la noblesse et du peuple, c'est un conseil du Roi; il doit être nommé par lui.

Si le Sénat est le conservateur des droits du trône et de la noblesse, s'il est le corps intermédiaire entre le Roi et le peuple, il faut qu'il soit nommé par le Roi et par la noblesse, dans une juste proportion.

S'il est le conservateur des prérogatives du trône; de la noblesse et des droits du peuple, il faut qu'il soit nommé conjointement par les trois, dans une proportion profondément méditée.

Et enfin, si la dignité de sénateur doit être inamovible et héréditaire, l'héritier mâle du sénateur doit réunir les qualités qui seront requises pour obtenir l'agrément des corps qui auront concouru à la nomination du père.

Le Roi n'a pas besoin qu'on l'autorise, par une Constitution, à se créer un conseil. Monarque et chef suprême du Pouvoir exécutif, il peut créer et former auprès de lui le conseil qui lui conviendra. Le Sénat donc, tel qu'il est proposé, n'aura que le titre et point les attributions du Sénat.

A l'égard des sénateurs actuels, il est démontré qu'ils n'ont rien conservé. S'ils se trouvaient placés dans des circonstances orageuses, qu'est-ce qui garantit qu'ils défendront cet Acte constitutionnel qu'ils proposent aujourd'hui? Si le dernier Sénat disait à la Nation : Nous nous sommes trouvés dans une situation délicate et tellement difficile, que pour le salut de l'État il a fallu donner la couronne à Buonaparte. Le Sénat, dès ce moment et dès ce premier attentat de Buonaparte aux droits de tous, se trouvant sans résistance, divisé, disséminé par le tyran, s'est vu dans la nécessité de dissimuler. Chacun a travaillé secrètement, autant qu'il était en lui, à renverser l'imposteur, le parjure. Il ne faut pas voir le Sénat délibérant d'après les ordres de Buonaparte, et lui accordant toutes ses demandes, mais chaque sénateur frémissant d'indignation, et arrivant sûrement par différens moyens, comme par un concert unanime, à renverser l'idole de Baal. Certes, si c'était au Sénat que nous dussions réellement la chute du tyran et le rétablissement des Bourbons, comme il est bien certain que nous les devons en partie à plusieurs membres de ce corps, quel Français ne voterait pas à ce Sénat entier des actions de grâces? On dirait : Ils n'ont pu se prononcer ouvertement contre cet empirique qui avait à sa disposition la fortune publique, des armées innombrables et des bourreaux; mais au moins ils ont travaillé constamment à le renverser; ils y sont parvenus par des ressorts ingénieux et efficaces. Oublions tous nos maux, et dans ce grand jour, vouons-leur toute notre reconnaissance. Mais, s'ils eussent agi dans cette vue, ne mépriseraient-ils pas, ne fouleraient-ils pas aux pieds tous les dons empoisonnés du tyran, et n'attenderaient-ils pas de la Nation ou de son Roi des couronnes civiques dignes de leur réussite ?

Peut-être encore, nous reportant au temps illustre du Sénat de Rome, ou à des circonstances à-peu-près semblables où de grands corps furent placés, les Parlemens, par exemple, nous eussions gémi de ce qu'un auguste corps aurait été réduit à dissimuler pendant dix années, pour mieux cacher ses desseins ou une vaste conjuration, qu'il eût été dans la nécessité d'enivrer le tyran de louanges et de le remercier, aux yeux de toute l'Europe, des attentats mêmes qui ont aujourd'hui motivé sa déchéance; peut-être eussions-nous remarqué avec effroi que, si la conjuration n'eut pas réussi, ce corps eut exposé la Nation à périr dans un affreux esclavage, en périssant lui-même dans les supplices, comme parjure et criminel de lèse-majesté.

Ah ! périr pour périr, qu'une résistance mâle et spontanée de pères conscrits, de pères de la patrie, sacrifiant leur vie plutôt que de transiger avec leur devoir, provoquant une Nation généreuse à briser ses chaînes, la déliant de tous sermens de fidélité, dévouant le tyran à l'exécration publique, que ce dévouement héroïque aurait été sublime, qu'il aurait prévenu de maux! N'en doutons pas: la Nation aurait accouru au secours de ce grand Aréopage opprimé; des millions de Français vivraient encore; la moitié de l'Europe n'aurait pas été ravagée et incendiée par l'exécrable aventurier.

Mais rien, absolument rien ne s'adresse à nos cœurs et à notre raison pour chérir une institution qui était appelée à jouer un si grand rôle. Buonaparte était un oracle, un prophète, un dieu; chacune de ses paroles, recueillies avec un saint respect, devenait un texte qui donnait matière à des discours, où le Sénat et tous les autres corps de l'État semblaient briguer à l'envie le mérite et l'honneur de descendre au plus bas. Et tous les membres actuels demandent des dotations, des sénatoreries, des revenus pour eux, leurs hoirs et ayans-causes!

Mais allons plus loin; si le Sénat, tel qu'on le propose, allait devenir un corps très-puissant dans l'État, et si cette stipulation de dotation et de richesses était un article de transaction pour mieux consolider cette puissance; si la majorité, réellement décorée par Buonaparte, jetait un jour un regard de pitié vers son bienfaiteur; si elle n'avait fait que céder aux circonstances, à l'impétuosité de ce char, de ce torrent des révolutions, qui, roulant comme du haut de la montagne, renverse et brise ce qui s'oppose à son passage; si cette majorité avait fui l'orage, en s'abritant sous la bannière des Bourbons? Prenons bien garde! .... Tout est possible.

Eh quoi! serons-nous donc toujours réduits à ne pouvoir nous livrer à l'espérance d'un avenir paisible, et à voir introduire et circuler dans le nouveau corps politique le même sang qui donna la mort aux derniers Gouvernemens?

Eh quoi! des Bourbons, des Princes du Sang seraient exposés à siéger, à délibérer avec ceux qui pourraient regretter l'usurpateur, ou qui, affectant un amour du peuple qu'ils ont si soigneusement caché depuis dix ans, pourraient contrarier toutes les vues du Gouvernement, le décrier, et qui, connaissant les secrets d'État, pourraient lui porter les coups les plus funestes. Non, les sénateurs actuels, nommés et maintenus par eux-mêmes, avec leurs titres, leurs dotations et leurs sénatoreries, n'inspireront que des alarmes. Qu'ils consultent la voix d'un peuple entier qui sort d'un enfer de souffrances;

qu'ils se rendent à cette voix : *vox populi, vox Dei;* et que ceux qui sont profondément pénétrés de cette vérité, qu'en effet le Sénat en corps n'a rien conservé, mais qui furent sages et intègres, obéissent comme Aristide à cette loi de l'ostracisme que proclame une Nation entière.

Qu'on ne dise plus, comme on l'a imprimé dernièrement, qu'il n'y a qu'une politique rétrécie et cupide; qu'on n'insinue pas qu'il n'y a que des agitateurs anonymes, abusant de la presse, qui voient avec chagrin que les sénateurs actuels se sont maintenus et conservés avec tous les avantages qu'ils ont reçus de Buonaparte, et qu'ils y aient appelé leurs héritiers; que ces sénateurs sans patrimoine ont besoin d'une dotation pour soutenir leur rang et leur éclat. Eh, comment! lorsque la moitié de la France est ravagée, lorsqu'elle est ruinée par les vexations qui ont pesé sur elle; quand le trésor public, épuisé, ne peut payer la pension de la malheureuse veuve, les rentes de l'octogénaire, les modiques appointemens de l'employé, secourir cette masse énorme de pauvres errans, de militaires blessés, sans pain, sans asile; lorsque tout commande l'économie et des sacrifices, lorsque la dette de l'État est inconnue et qu'il faut relever un crédit public anéanti par des dilapidations de tout genre; dans de tels instans, ce sera une politique rétrécie et cupide qui criera aux sénateurs : Un Peuple ne peut donner ce qu'il n'a pas; avant que de donner, il faut payer sa dette et pourvoir aux besoins les plus pressans ; avant que de demander pour vous et vos enfans, attendez donc que nous ayons de quoi subsister. Quelle est la grande utilité de votre éclat? Quand la postérité parle d'un Caton, d'un président du Harlay; quand quelques hommes d'entre vous ont bravé la fureur des factions, les poignards d'une populace ameutée, et cent fois la mort dans les combats, on ne se rappelle pas les vêtemens dont ils étaient couverts, s'ils avaient des hôtels, des équipages et des châteaux; la reconnaissance nationale a gravé leurs noms, et le burin de l'histoire les transmettra aux races futures.

La Nation ne doit rien à qui n'a rien fait pour elle. Ne semblerait-il pas qu'une semblable stipulation serait le partage réel de la succession de Buonaparte, qui a tout usurpé, ou bien que vous seriez ses légataires universels? car vous retenez tout pour vous, et vous ne laissez rien aux sénateurs qui seront nommés par le Roi.

Une semblable clause n'est point de l'essence d'une Constitution; elle ne doit parler que des institutions, que de l'intérêt en général; les petits intérêts privés en doivent être retranchés.

Art. VII. « Les Princes de la Famille royale et les Princes du Sang sont de droit membres du Sénat.

» On ne peut exercer les fonctions de sénateurs qu'après avoir atteint l'âge de majorité ».

Sénateur tire son étymologie de *senex*, vieillard; c'est au moins l'image d'un homme mûr, grave et éclairé. La majorité, par nos lois, étant fixée à vingt-un ans, le fils d'un sénateur, presqu'au sortir du collége, léger, passionné, indiscret, ira, par droit d'hérédité, s'asseoir parmi des Princes du Sang, les hommes les plus éclairés de la Nation; il donnera son avis, et sa voix comptera. Mais à l'âge ne faut-il pas joindre la capacité? Et tandis que, pour être juge d'un tribunal inférieur, il faut avoir trente ans accomplis, avoir soutenu des actes publics et obtenu des degrés, pour être sénateur, il suffira de justifier de l'acte de décès de son père; on sent que ce n'est pas un Sénat que l'on constitue par l'Acte constitutionnel, mais que ce sont des places pour les fils de sénateurs actuels. Ne vaudrait-il pas mieux attendre que la confiance du Roi ou la confiance publique appelât aux dignités les uns, et que des retraites ou pensions fussent le partage des autres ?

Art. VIII. « Le Sénat détermine le cas où la discussion des objets qu'il traite doit être publique ou secrète ».

Il n'y a pas d'article d'une Constitution qui ne mérite une discussion approfondie; celui-là seul fournirait une ample matière.

Le secret et la publicité ont tous deux leurs grands avantages, et tous deux leurs abus et leurs dangers; il est difficile de déterminer la juste mesure, et cependant il la faut chercher. Combien de fois n'avons-nous pas vu que ce qu'il était important de discuter publiquement avait été long-temps médité d'avance dans le secret par une petite minorité, et avait été adopté tout-à-coup sans aucun examen ni discussion par ceux qui n'avaient été instruits de rien. La publicité et la discussion éclairent les esprits, encouragent et redoublent l'énergie de ceux qui se dévouent pour l'intérêt public, et elles retiennent ceux qui ne sont excités que pour leur intérêt personnel. Si l'on eut discuté publiquement et solennellement dans le Tribunat, le Corps législatif et dans le Sénat, notamment la question de savoir si la Nation se donnerait un Empereur, Buonaparte ne l'aurait jamais été; mais cette élévation fatale, méditée, proposée et convenue dans les comités secrets, a eu lieu tout-à-coup, sans s'occuper de l'opinion publique ni du vœu de la Nation.

Art. IX. « Chaque département nommera au Corps législatif le même nombre de députés qu'il y envoyait. Les députés qui siégeaient au Corps législatif lors du dernier ajournement continueront d'y siéger jusqu'à leur remplacement : tous conservent leurs traitemens.

» A l'avenir ils seront choisis immédiatement par les colléges électoraux, lesquels sont conservés, sauf les changemens qui pourraient être faits par une loi à leur organisation.

» La durée des fonctions des députés au Corps législatif est fixée à cinq années.

» Les nouvelles élections auront lieu pour la cession 1816 ».

Pourquoi cette préférence pour les membres actuels du Corps législatif? Est-ce en reconnaissance de l'énergie que beaucoup ont développée? Ceux-là seront infailliblement réélus, ainsi que tous ceux dont les départemens ont apprécié le zèle et les talens; ils sont fort indifférens sur l'objet de leur traitement, et cette clause les touchera peu; mais il faut dire la vérité : Buonaparte fit passer par le Corps législatif un budjet de treize cent cinquante millions de dépense pour l'année 1813, dans lesquels étaient compris trois cent millions, produits de la vente projeté des biens communaux, dans lesquels biens se trouvaient compris ceux des hôpitaux; d'où revenait alors Buonaparte? Il fuyait de Moscou. Et les treize cent cinquante millions à quoi les destinait-il? Il les destinait, avec d'autres sommes extorquées aux villes sous divers prétextes, à de nouvelles guerres aussi extravagantes que les précédentes, dans lesquelles il avait englouti les trésors de la France et toutes ses armées. Ce sont les mêmes membres de ce Corps législatif qui furent réellement forcés d'accorder ces treize cent cinquante millions, qui furent demandés par lui en décembre dernier; il n'en voulait pas d'autres. Il les trouvait constitutionels; mais, prévoyant que ce Corps législatif, qui n'avait accordé qu'à regret l'année précédente, devrait se prononcer cette fois; que la Nation entière, ayant les yeux ouverts sur le parti qu'ils prendraient, ce corps se trouverait par l'opinion publique autorisé à la résistance; il mit en œuvre le charlatanisme pour l'éblouir d'une part, et tous les moyens de terreur de l'autre, pour l'intimider. Plusieurs se mettant au-dessus de tout danger, s'élevèrent avec fermeté, et entraînèrent beaucoup de membres. Buonaparte ajourna ce corps qui ne pouvait plus être entre ses mains un instrument passif, sous le prétexte qu'il était inconstitutionnel, lui qui ne l'avait pas considéré comme tel, quand il espéra que par ses artifices il en obtiendrait encore ce qu'il souhaitait. Pourquoi ne laisserait-on pas cette fois aux départemens le droit de nommer et choisir enfin leurs députations sans aucune influence? Pourquoi ne rendrait-on pas à ce corps une nouvelle vie? Est-il un plus beau moment pour faire éclater le vœu national? On ne peut redouter de mauvais choix; ils tomberont, à n'en pas douter, sur tous ceux qui sont connus pour détester la tyrannie, qui ont voué un réel et sincère attachement à Louis XVIII, et qui sont entièrement dévoués à la patrie.

Il ne faut pas se dissimuler qu'il est bien

pressant aussi de faire une loi qui détermine le mode de nomination des membres des colléges électoraux et des députés au Corps législatif : depuis dix ans surtout ces élections ne sont qu'un simulacre ; elles ne se font que dans de petits comités pour de petits intérêts ; elles sont tellement tombées en désuétude, qu'à peine les habitans d'une ville savent-ils quand et pourquoi s'assemblent les colléges électoraux. Par exemple, rien ne fait pitié comme une assemblée cantonale. Qu'on s'imagine une chambre où un individu nommé président attend pendant un jour trois personnes qu'il puisse saisir pour en faire un secrétaire et deux scrutateurs. Personne ne vient. Les vingt-quatre heures s'étant écoulées aux termes de la loi, la séance est levée, toute assemblée est dissoute, toute opération est terminée ; il n'y a ni scrutin ni élection, à moins que le président, pour ne pas paraître avoir joué un rôle ridicule et inutile, n'ait fait courir de maisons en maisons pour inviter quelques connaissances à donner leurs votes. Belle théorie que la nomination et le choix des députés, mais qui pour la pratique a bien besoin d'être secondée par une bonne loi organique.

Art. X. « Le Corps législatif s'assemble de droit chaque année le 1er octobre. Le Roi peut le convoquer extraordinairement ; il peut l'ajourner, il peut aussi le dissoudre ; mais, dans ce cas, un autre Corps législatif doit être formé au plus tard dans les trois mois par les colléges électoraux ».

Art. XI. « Le Corps législatif a le droit de discussion ; les séances sont publiques, sauf le cas où il juge à propos de se former en comité général ».

Sur la publicité ou le secret, nous renvoyons à l'article VIII, et nous ajoutons seulement qu'il serait désirable de déterminer par la loi les cas où il doit y avoir des comités secrets.

Art. XII. « Le Sénat, le Corps législatif, les Colléges électoraux et les Assemblées de cantons élisent leur président dans leur sein ».

Art. XIII. « Aucun membre du Sénat ou du Corps législatif ne peut être arrêté sans une autorisation préalable du corps auquel il appartient ».

« Le jugement d'un membre du Sénat ou du Corps législatif accusé appartient exclusivement au Sénat ».

Le dernier paragraphe de l'article XIII donne trop de latitude, si même il ne doit pas être supprimé. D'abord, il semble qu'il faudrait restreindre la compétence aux crimes et délits qui attenteraient à la sûreté de l'État. Quant aux crimes de lèse-majesté spécialement et aux crimes attentant à la sûreté des personnes et des propriétés, tels que meurtres, assassinats, etc., le Sénat ne doit jamais s'en constituer juge. On pourrait craindre la faveur, l'impunité et les crimes qu'occasione le mauvais exemple ; la connaissance de ces crimes devrait être renvoyée devant une Cour de justice suprême quelconque.

Ensuite, en admettant que le Sénat dût juger ses membres, pourquoi les membres du Corps législatif ne seraient-ils pas jugés plutôt par les membres du Corps législatif que par le Sénat? Ces membres, distraits de leurs pairs, ne pourront-ils pas être exposés à la partialité et à la vengeance, à cause de leurs opinions, et ne serait-il pas plus juste qu'ils fussent traduits devant une Cour ?

Ce droit du Sénat de juger ses membres pourrait devenir très-dangereux, s'il s'élevait des factions dans le sein de ce corps, outre qu'il pourrait devenir l'occasion d'une foule d'abus odieux au peuple. Le jugement de Louis doit écarter toute idée d'accorder jamais le droit de juger à un Corps politique quelconque. Les révolutions du 31 mai, du 18 fructidor, les mises en accusation successives par les corps délibérans, sont encore présentes à tous les esprits; et si la Convention nationale se fût attribué le droit de juger ses membres, au lieu de les faire juger par Fouquier-Thinville et Cofphinal, ils l'auraient été par Robespierre, Couthon, Lebas-Saint-Just et Billaud-Varennes. Il semble que la séparation du Pouvoir judiciaire d'avec le Pouvoir législatif est très-importante pour l'indépendance de la justice et pour la tranquillité publique.

Art. XIV. « Les Ministres peuvent être membres, soit du Sénat, soit du Corps législatif ».

Puisque l'on établit la responsabilité des Ministres, c'est qu'elle est jugée indispensable, et l'Histoire nous fournit autant d'exemple de bons Ministres que de Ministres qui ont abusé.

Si les Ministres sont membres de l'un ou de l'autre corps, n'est-il pas à craindre que par leur influence leur responsabilité ne s'évanouisse, et que si le Sénat se réservait le droit de juger ses membres, il ne pût les mettre en jugement et les perdre ».

Art. XV. « L'égalité de proportion dans l'impôt est de droit; aucun impôt ne peut être ni établi ni perçu, s'il n'a été librement consenti par le Corps législatif et par le Sénat. L'impôt foncier ne peut être établi que pour un an; le budjet de l'année suivante, et les comptes de l'année précédente sont présentés chaque année au Corps législatif et au Sénat, à l'ouverture de la session du Corps législatif».

Toutes les Constitutions ont établi ce principe; mais, pendant Buonaparte, les autorités administratives n'ont pas moins établi les impôts, levé des réquisitions de tout genre; les percepteurs et les agens décerné des contraintes, avec menace d'établir des gendarmes chez les citoyens: les gens de ville, qui ont cependant éprouvé des persécutions, ne se font pas d'idée jusqu'à quel point les suppôts de la tyrannie exerçaient des vexations dans les campagnes, et combien les vengeances particulières mettaient à profit ces temps désastreux. Sans doute les impôts arbitraires et les modes de vexations étaient ordonnés aux autorités locales par les grandes autorités administratives supérieures; mais, puisqu'ils étaient inconstitutionnels, il semble que toutes les autorités administratives généralement auraient dû se refuser à la levée de ces impôts, les percepteurs et les agens se refuser à les percevoir, ou bien se démettre des fonctions dans lesquelles on exigeait qu'ils violassent les lois constitutionnelles et fondamentales de l'État. Ces refus ou ces démissions de toutes parts auraient ôté à la tyrannie toutes ses ressources, ou hâté sa chute. Les autorités locales n'ont-elles pu se refuser ou se démettre? preuve indubitable que les articles constitutionnels étaient insuffisans.

Il en serait de même de celui-ci, dans le cas d'une usurpation.

Tous les honnêtes gens ne demandent pas mieux que d'avoir un moyen irréfragable de refus.

Il semble qu'il faut que les autorités administratives, ces percepteurs et les agens soient en tout temps responsables et passibles d'être poursuivis pour la restitution de ces impôts arbitraires, comme coupables de concussion et de péculat, tant que l'Acte constitutionnel n'aurait pas été anéanti par tous les corps de l'État qui y auraient concouru. Car enfin, après vingt-cinq ans de vexations il est temps de pouvoir se reposer sur les lois fondamentales; que les autorités administratives soient soumises à une responsabilité qui ne soit plus illusoire, et que les violations les plus criantes d'une Constitution ne soient pas couvertes par ces mots : « J'ai eu peur, j'ai dû obéir »; ou bien : « J'ai dû obéir à celui qui m'a nommé ». Tout fonctionnaire public, en entrant en charge, prête le serment d'être fidèle à la Constitution, et il ne doit reconnaître aucun acte, aucun ordre qui le rende parjure.

Art. XVI. « La loi déterminera le mode et la quantité du recrutement de l'armée ».

Il en est du recrutement comme de l'impôt. On ne doit, sous aucun rapport, lever plus d'hommes que la loi ne le commande.

Qu'on calcule toutes les levées qui ont été faites en vertu des lois et des décrets, on reconnaîtra qu'on a toujours excédé la demande; que la faveur, plus que la justice, présidait aux exemptions; que les passions et un affreux arbitraire décidaient du sort d'une famille entière, et que, par un dernier degré d'asservissement, on ne démentait pas ces odieuses adresses dans lesquelles on offrait la fortune et la vie des citoyens. Vraies bêtes de somme, les Français n'avaient plus d'administrateurs, mais ils étaient sous les coups de conducteurs de vils troupeaux.

Raison, justice, qu'est-ce que cela signifiait? Nous n'avions plus de magistrats civils, mais des recruteurs tout-puissans pour envoyer de la chair à canon.

Eh! qu'eût donc fait le tyran, si de départemens en départemens il n'eût trouvé que des refus? il aurait donc fallu qu'il employât ses armées dans tout l'Empire pour faire marcher la génération? Mais pendant ce temps il n'aurait pu faire placarder ses forfanteries, accomplir ses projets extravagans; et la chute de son odieux règne serait plus tôt arrivée. Mais revenons-y toujours. Quand malheureusement chacun ne voit que son profit ou son avancement, il ne faut compter sur aucune vertu.

Art. XVII. « L'indépendance du Pouvoir judiciaire est garantie. Nul ne peut être distrait de ses juges naturels ».

Ces principes ont toujours été violés, et l'on a trouvé toujours des juges, de vils satellites et des bourreaux; preuve encore indubitable que ces articles, excellens dans la théorie, sont insuffisans dans la pratique, puisque presque tous ceux qui les ont violés par bassesse ou par cupidité ont joui de l'impunité.

« L'institution des jurés est conservée, ainsi que la publicité des débats en matière criminelle ».

Cette institution est très-salutaire, mais elle a besoin d'être perfectionnée pour l'intérêt des accusés et pour l'intérêt de la justice.

« La peine *de confiscation des biens* est abolie ».

Voilà une disposition bien sage; mais ne pourrait-on la rendre plus solennelle et plus étendue? Par exemple : « La peine de confiscation est abolie. Jamais les biens d'un ordre de l'Etat, d'un corps, d'une compagnie ou d'un Français ne peuvent être confisqués, sous quelque prétexte que ce soit; toute vente de ces biens, qui seraient confisqués, sera nulle, et ne pourra jamais être validée par aucune proscription ».

« Le Roi a le droit de faire grâce ».

Ce droit ne nous paraît pas suffisant; il y a des erreurs fatales, et quelquefois des crimes judiciaires, aussi bien en matière civile qu'en matière criminelle. Il serait digne de la majesté royale qu'elle eut le droit de révision dans des cas, et, d'après les formes déterminées, on conçoit tout ce qu'il est possible d'objecter contre la révision; mais elle peut être la matière d'une belle loi organique. D'ailleurs nos Rois avaient ce droit, et loin qu'il en puisse résulter des abus, ce droit peut contribuer à améliorer toutes les branches de l'administration de la justice.

Art. XVIII. « Les cours et tribunaux ordinaires actuellement existans sont maintenus; leur nombre ne pourra être augmenté ni diminué qu'en vertu d'une loi; les juges sont à vie et inamovibles, à l'exception des juges de paix et des juges de commerce; les commissions et les tribunaux extraordinaires sont supprimés, et ne pourront être rétablis ».

Cet article exige un sérieux examen. L'intérêt des justiciables dans toute son étendue doit être pesé avec sagesse; les systématiques donnent presque toujours dans les excès : ne serait-ce pas le moment de rechercher ce que les institutions, tant anciennes que nouvelles, ont produit de meilleur, de ne pas dissimuler tous les inconvéniens qui sont résultés de tels ou tels systèmes? Sous un Gouvernement monarchique l'administration de la justice est de la plus haute importance, et la justice, pour être respectée par les justiciables, a besoin de consistance et d'éclat.

Une intégrité inaltérable, voilà la première et l'indispensable qualité d'un juge.

Elle sera la première motrice de ses opinions et de ses actions.

Les lumières viennent ensuite. La faveur ne les donne pas; mais tout juge laborieux et honnête homme sera capable de tous les efforts pour éclairer sa conscience et ne pas compromettre son opinion.

Il est bien rare qu'on ose récuser un juge, et bien plus, qu'on ose l'accuser de forfaiture: ces actions sont graves et périlleuses; aussi dans l'organisation de la justice, dans la nomination des juges, doit-on avoir toujours présent à l'esprit la possibilité qu'il y aurait que le plus mauvais des juges restât en fonction toute sa vie sans que personne osât porter aucune plainte précise contre lui; car, lorsqu'il n'y a point d'action de récusation ni de forfaiture, les murmures et les plaintes paraissent des calomnies, et les justiciables continuent d'être victimes des intrigues et de la corruption.

Art. XIX. « La cour de cassation, les cours d'appel et les tribunaux de première instance proposent au Roi trois candidats pour chaque place de juge vacante dans leur sein. Le Roi choisit l'un des trois; le Roi nomme les premiers présidens et le ministère public des cours et tribunaux ».

Voilà un mode de nomination qui constitue chaque tribunal, chaque corps électoral pour la nomination de ses juges, sans laisser au Roi le droit de réfuter les candidats, s'ils ne lui convenaient pas ; l'expérience a démontré que depuis long-temps, dans plusieurs tribunaux, un, deux ou trois membres exerceraient toute l'influence. Pourquoi ne craindrait-on pas que l'intérêt particulier ou l'esprit de tel ou tel tribunal préférât de présenter des candidats plutôt de telle religion que de telle autre, et que le Roi se trouvât forcé de choisir ceux justement qu'il faudrait exclure? Que d'exemples on pourrait citer, s'il ne fallait abréger, pour démontrer le vice de semblable nominations! Au reste, il ne faudrait pas connaître les hommes pour affirmer que l'intérêt de la justice l'emporterait sur celui des petites passions et de l'intérêt personnel.

Ce mode présente donc le double inconvénient d'écarter ceux qui devraient être candidats, et d'ôter au Roi, chef suprême du Pouvoir exécutif, le droit de choisir de bons juges.

Art. XX. « Les militaires en activité, les soldats et officiers en retraite, les veuves et les officiers pensionnés conservent leurs grades, leurs honneurs et leurs pensions ».

La justice et l'intérêt de l'Etat peuvent se concilier.

Les usurpateurs et les tyrans dispensent et prodiguent les honneurs et les dons souvent pour prix des bassesses et des crimes. Un Roi légitime et une Nation ne peuvent jamais être liés et obligés par la volonté d'un tyran qui n'est plus. Servir loyalement son pays est un devoir sacré dont tout homme doit s'acquitter généreusement; mais si l'intérêt seul a dirigé, rien n'est plus appréciable que la peine d'un mercenaire ou d'un esclave. Ne serait-il pas dangereux et avilissant de placer sur la ligne d'hommes recommandables par leur héroïsme ou par leurs vertus ceux qui n'avaient en vue et auxquels il ne fallait que des récompenses pécuniaires : un Roi qui ne veut accorder que des honneurs mérités, et qui ne veut point fouler ses peuples en consacrant les prodigalités d'un règne extravagant, pourrait donc peser toutes choses dans la balance de l'exacte justice, accorder aux uns les honneurs qu'ils ont vraiment mérités, et aux autres les retraites ou pensions que l'Etat peut supporter.

Art. XXI. « La personne du Roi est inviolable et sacrée; tous les actes du Gouvernement sont signés par un Ministre; ces Ministres seront responsables de tout ce que ces actes contiendraient d'attentatoire aux lois, à la liberté publique et individuelle, et aux droits des citoyens ».

Cet article était aussi dans la première Constitution; il n'a point garanti Louis XVI : pendant vingt-cinq ans la France a été la proie des factions et des usurpateurs. Ne faudrait-il pas que la Constitution indiquât des mesures qui pussent en garantir l'inviolabilité, et dans lesquelles tout Français, apprenant l'étendue de son devoir, trouvât en même temps une arme pour sauver sa patrie et venger son Roi? Nous sentons combien de telles mesures exigent de méditation; mais ne pourrait-on essayer d'ouvrir quelques idées?

« La personne du Roi est inviolable et sacrée.

» Tout Français doit punir quiconque aura attenté à la liberté ou à la vie de son Roi, si les coupables ne sont pas sous la main de la justice.

» Il n'y a pas d'interrègne. Tant que le Roi existe, son héritier présomptif, ou, à son défaut, le premier Prince du Sang, prend provisoirement les rênes du Gouvernement, gouverne au nom du Roi, jusqu'à ce qu'il ait été rendu à la liberté, ou jusqu'à ce que son successeur légitime ait été proclamé dans les formes légales.

» Est coupable de lèse-majesté et de haute trahison quiconque expédierait des ordres autrement qu'au nom du Roi régnant, ou de son successeur légitime, légalement proclamé.

» Aucun sujet du Royaume n'est tenu d'obéissance envers quiconque aurait usurpé l'autorité royale ».

Tous les actes émanés d'un Gouvernement usurpateur sont radicalement nuls, et si la violence et la force ont été employées pour les faire exécuter, tout citoyen peut revenir contre en tout temps.

Tout fonctionnaire public doit refuser d'obéir à tout autre qu'au Roi légitime, et quiconque le remplacera sera complice du crime de lèse-majesté.

Comme le fils est appelé par la nature à défendre son père, tout Français, au nom de la Patrie, est appelé à défendre et à résister par tous les moyens que sa raison et ses forces lui donneront, pour déjouer les complots de l'usurpateur et pour le renverser.

Le Corps législatif et le Sénat étant inhérens au Gouvernement constitué, on pourrait aussi, pour leur sûreté, méditer quelques mesures.

Art. XXII. « La liberté des cultes et des consciences est garantie ; les ministres des cultes sont également protégés et traités ».

Quand la grande majorité d'une Nation a adopté une religion aussi antique et aussi imposante que la religion catholique, apostolique et romaine, cette religion exige une très-grande considération.

L'exercice paisible des autres cultes peut être toléré, protégé même ; mais il ne semble pas que tous les cultes étrangers doivent être à la charge de l'État, et qu'ils doivent être encouragés, au point de faciliter l'introduction de schismes parmi ceux qui professent la religion généralement adoptée.

Sans entrer trop avant dans une matière aussi délicate, que de cultes, que de sectes la folie et la malveillance ne pourraient-elles inventer ! Rappelons-nous les Théophilantropes, c'était un culte que le leur; pourquoi des cerveaux délirans n'en inventeraient-ils pas d'autres?

Le Roi, les héritiers présomptifs du trône et ceux qui exercent les fonctions les plus importantes dans un État, doivent professer la religion de la plus grande majorité de la Nation. Il ne faut pas que les sermens des fonctionnaires publics changent suivant leurs différentes religions, et qu'ils puissent être désormais regardés comme de vaines formules qui n'imposent aucune obligation.

L'exemple de la religion et de la probité influe sur tous. Sans effort, sans attenter à la liberté des consciences, sans vexations inquisitoriales, les sujets aiment ce qui fait leur bonheur; ils adoptent successivement la religion de leur Prince, et l'on ne voit plus d'autre culte que celui de l'étranger, qui ne fait jamais de prosélytes ni de fanatiques; car l'étranger se conforme aux lois de police qui sont établies, autant pour l'ordre, que pour le faire jouir de tous les droits de l'hospitalité.

Un État où il y aurait beaucoup de cultes, serait celui où il y aurait le moins de religion et le plus de dépravation. Qu'est-ce qu'un peuple sans religion? c'est un peuple sans frein. Le peuple ne peut étudier ni approfondir la morale des philosophes, et leurs contradictions mêmes sont capables de démoraliser beaucoup d'individus incapables de faire un choix.

Il faut au peuple une morale invariable, incréée, et cette morale est une religion : s'il n'est pas arrêté par la conscience, il ne sera pas retenu par la crainte du châtiment que prescrivent les lois humaines, qu'il ignore le plus souvent, et auxquelles il espère pouvoir se soustraire. Sans probité, incapable de vertu, corrompu, il n'écoutera que ses besoins, ses passions ou sa cupidité; il se vendra au crime, à la tyrannie, et se précipitera dans la barbarie.

Que les faux philosophes nous démentent Croient-ils que si la religion en France avait eu de profondes racines, que nous eussions vu dans notre propre pays ce qui s'y est passé, et que son flambeau n'aurait pas éclairé beaucoup d'esprits? Croit-on que des guerres aussi injustes que cruelles auraient été portées chez des peuples auxquels on reprochait d'être attachés à leur Dieu et à leur Prince? Croit-on qu'un tyran, qu'un monstre aurait osé porter une main profane et sacrilége sur le successeur de saint Pierre, sur le souverain Pontife de notre religion, le traîner captif parmi des chrétiens même, et qu'il eût pu fouler aux pieds tout sentiment d'honneur, de probité; qu'il eût enfin porté son insolence impie jusqu'à l'abreuver des plus sanglans outrages.

La vraie religion est un des liens le plus sûr de l'ordre social; l'intolérance, la superstition et le fanatisme ne sont point à craindre dans un grand État vraiment monarchique, qui n'est gouverné que par des lois fixes et établies par une justice indépendante. Nos institutions font le contre-poids de tous les excès de ce genre; mais ce qu'il faut toujours redouter, ce sont les factions, l'anarchie et l'usurpation qui fondent tous leurs calculs et toutes leurs espérances sur la corruption des peuples.

Art. XXIII. « La liberté de la presse est entière, sauf la répression légale des délits qui pourraient résulter de l'abus de cette liberté; les commissions sénatoriales de la liberté de la presse et de la liberté individuelle sont conservées ».

La législation a été jusqu'ici bien imparfaite et bien impuissante, quoiqu'en parlant sans cesse de ces libertés, on n'en a jamais joui, puisqu'elles ont été violées de la manière la plus audacieuse et la plus humiliante pour la Nation. Depuis dix ans, quels résultats ont produits les commissions sénatoriales établies pour la garantie de ces libertés? Ah! sans doute, la liberté entière pour ces odieuses proclamations qui présentaient à la France enchaînée le tyran comme un tendre père attendant ses enfans pour les mener à la gloire, tandis que c'était un monstre auquel elles envoyaient des victimes pour les dévorer.

Le Sénat sans doute pourrait avoir le droit d'établir dans son sein ces commissions à telles fins que de raison; mais il ne lui faudrait pas laisser ce droit exclusivement. Un Corps législatif qui se renouvelle, et dont tous les membres ne sont pas héréditaires, doit avoir le droit d'établir ces commissions tribunitiennes, et il devrait être obligé de faire un rapport public tous les ans sur la situation de la liberté de la presse et de la liberté individuelle; et les membres de ces commissions devraient être responsables de leur licence sur les violations de ces articles d'une Charte constitutionnelle.

Dans ce moment où le tyran est renversé, son ombre ne plane-t-elle pas autour de nous?

et ne voyons-nous pas dans les doléances de la tyrannie agonisante les regrets et les menaces indirectes s'échapper sur cette liberté qui est si indispensable aujourd'hui pour éclairer un peuple abominablement trompé. L'élan des cœurs ne doit pas être comprimé; il faut éclairer tout, inspirer une juste horreur de la tyrannie, et quand le Gouvernement sera bien établi, c'est alors qu'il deviendra nécessaire de poser de justes bornes à toute licence, en favorisant une sage liberté.

Art. XXIV. « La dette publique est garantie, les ventes de domaines nationaux sont irrévocablement maintenues ».

Plus on réfléchit, et plus on sent l'importance de la garantie de la dette publique. Les dons sagement dispensés, les pensions justement accordées, sont des dettes; les sommes empruntées aux particuliers, ou par eux versées dans la caisse de l'État, sont des dettes sacrées. Après les banqueroutes dont les derniers Gouvernemens de la révolution ont donné le fatal exemple, il est digne de la Nation de garantir la dette; mais il faut qu'elle donne au Roi tous les moyens pour la payer; car le Roi ne doit pas être troublé dans son administration pour une dette qu'il n'aurait vraisemblablement pas contractée. La Nation doit donc s'empresser de prendre des moyens pour que cette garantie ne soit pas illusoire; car on achèverait de porter le dernier coup au crédit et à la fortune publique. On doit se rappeler que sous le dernier règne il y avait de grandes dépenses inutiles, et que, dans le moment où tout attestait notre défaite et nos malheurs, le Sénat décrétait, à la gloire de Buonaparte, l'érection d'un monument sur le mont Cenis, dont la dépense ne devait pas modestement excéder vingt-cinq millions.

Avec une somme aussi considérable, que d'établissemens utiles un bon Prince aurait pu faire dans les départemens!

A l'égard des ventes de domaines nationaux irrévocablement maintènues, il est essentiel d'éclairer les opinions chancelantes.

Un petit nombre d'individus avides et immoraux, de vendales, de voleurs de plomb, de fer et de matériaux, se sont enrichis dans les temps de dilapidation.

En recherchant ce petit nombre, on inquiéterait inpolitiquement beaucoup d'honnêtes gens porteurs de papier-monnaie garanti par le Roi et la Nation, qui se sont vus forcés de faire des emplois et d'acheter des domaines nationaux, dont la vente avait été sanctionnée par le Roi lui-même. Tous ces biens sont passés dans la circulation par beaucoup d'opérations, ventes, réventes, transactions, divisions et subdivisions, réunion de portions nationales à des propriétés patrimoniales, démolitions, constructions, changemens de destination : on conçoit aisément, par cette nomenclature, que de recherches, que de frais pour arriver à ceux qui auraient originairement profité d'un prix avantageux; on conçoit encore la nécessité de l'estimation, la justice des dédommagemens envers les propriétaires actuels. Quelle porte ouverte aux passions, aux injustices! que de bouleversemens pour n'arriver à aucuns résultats utiles!

D'après les garanties successivement données, et d'après le laps de temps, ces biens ont eu dans la circulation une valeur à-peu-près égale à celle de patrimoniaux. Il est donc prudent et politique que cette dernière garantie, sanctionnant toutes les autres, dissipe toute espèce de crainte. Il est préférable de laisser jouir dans l'obscurité quelques gens enrichis par leurs déprédations, plutôt que de troubler un grand nombre de familles. La loi de nivose an II, avec ses effets rétroactifs, causa tant de bouleversemens, que ceux mêmes qui l'avaient imaginée furent obligés de la rapporter.

Art. XXV. « Aucun Français ne pourra être recherché pour les opinions ou les votes qu'il aura pu émettre ».

Dispositions encore fort sages pour consolider la paix intérieure. Si cependant on ne doit inquiéter personne pour son opinion et ses votes, la raison et la prudence exigent qu'on ne fasse point des amalgames monstrueux, comme Buonaparte, homme nouveau, se complaisait même à les faire, soit par machiavélisme, soit par orgueil, pour mettre au-dessous de lui ceux dont avant la révolution il aurait été trop honoré de suivre les ordres. En amalgamant ainsi, on avilit, on efface toute distinction entre les vrais et les funestes talens, entre la mauvaise conduite et celle qui est irréprochable ; le vil intérêt devient la mesure de toutes les actions. Par ces amalgames on outrage les gens de bien, on leur fait une loi de la dissimulation, qui est corruptrice de toutes les bonnes qualités.

Non, jamais il ne peut y avoir une alliance franche et durable entre les hommes corrompus et les hommes intègres ; les honnêtes gens ne connaissent que les voies droites ; ils ne doivent pas être incessamment sur le qui vive: au lieu de concorde et de confiance, il y aurait perpétuellement défiance et haine, et l'on verrait peut-être les bons devenir la victime des méchans.

Art. XXVI. « Toute personne a le droit d'adresser des pétitions individuelles à toutes autorités constituées ».

Art. XXVII. « Tous les Français sont également admissibles à tous les emplois civils et militaires ».

C'est peut-être ici le lieu de faire revenir plusieurs personnes d'une opinion qu'elles ont adoptée, plutôt de confiance que par réflexion. Qui n'a pas entendu attribuer à Paris, aux Parisiens, tout ce qui s'est passé pendant la révolution ? distinguons Parisiens originaires et ceux allant à Paris: depuis vingt-cinq ans Paris est sous l'influence absolue et sous le gouvernement des départemens.

Tous les membres de l'Assemblée nationale, de la trop fameuse Convention, des Corps législatifs sont sortis des départemens; la députation qualifiée députation de Paris à la Convention nationale était composée d'étrangers et d'individus inconnus à la ville.

Tous ont apporté dans la capitale leurs passions, leurs mœurs et leurs vues; outre les nominations qu'ils obtinrent pour leurs villes, tous les emplois principaux et secondaires dans les autorités et dans les administrations de la capitale, capables de donner l'impulsion, leur ont été dévolus, et quiconque se trouvait sans moyens, sans ressources, était presque sûr, avec la protection de sa députation, d'obtenir dans Paris un emploi quelconque.

Patrons nés de leurs connaissances, ces députés dirigeaient les esprits de leurs nombreux cliens; on a vu les députations appeler à Paris leurs frères des départemens pour diriger et exécuter les coups de main. Le Parisien, renfermé dans le cercle de sa famille, n'ayant qu'un nombre déterminé de connaissances, inconnu, tout-à-fait étranger, était sans influence et sans crédit; il ignorait même tous les coups qui devaient se porter. Les fédérations et les troupes départementales étaient appelées, et le 10 août n'aurait jamais eu lieu sans un bataillon de prétendus Marseillais qui attaquèrent le château des Tuileries, après avoir préludé quelques jours auparavant par quelques massacres de gardes nationales. La pétition des dix mille et des vingt mille contre les événemens du 20 juin, suffit pour prouver que jamais les vrais Parisiens ne furent révolutionnaires ni sanguinaires; aussi, tandis qu'on attribuait à Paris les mouvemens d'avance arrêtés dans les départemens avec des sectaires, les vrais Parisiens étaient trompés, opprimés et abreuvés de chagrins et d'amertumes.

Enfin, sur ce point très-important, qu'on lise l'Histoire de la révolution, et on jugera sainement quels ressorts on a fait mouvoir, et les hommes qui ont porté les coups.

Sous Buonaparte, qui s'était rendu le centre de tout, cette influence n'a point cessé; mais il n'y avait d'autre moyen pour obtenir de lui, que d'être appuyé par ses protégés, qui étaient souvent les moins propres à apprécier le mérite d'une demande ou d'un sujet. Pour arriver jusqu'à ces protecteurs indispensables, presque toujours inconnus à ceux qui devaient commencer par obtenir leur attache, il fallait, avec les meilleurs droits et les plus justes titres, s'immiscer dans toutes les intrigues, consumer le temps le plus précieux et une grande partie de ses ressources; et très-souvent encore, après ces longues sollicitations, le pétitionnaire était-il évincé par un compétiteur qui n'avait pour lui d'autre titre que la recommandation d'un protecteur plus influant encore.

Depuis vingt-cinq ans toutes les demandes et tous les emplois ne s'accordaient qu'à ceux qui savaient le mieux intriguer : de là cet esprit inoculé dans l'éducation, dans toutes les classes et dans toutes les professions; de là cette apparition subite, dans les emplois les plus importans, d'individus les moins capables de les remplir.

L'insuffisance, le charlatanisme, un système de fausseté mystérieuse, le règne des créatures, une avidité insatiable, corrompaient et gâtaient tout. Il était reçu qu'il n'y avait plus de droits, talens et de probité sans intrigues; ils étaient presque devenus des motifs d'exclusion.

On veut rétablir le droit de pétitions individuelles et celui d'admissibilité à tous les emplois civils et militaires. Toutes les constitutions avaient proclamé ces droits, mais aucune institution n'en a assuré l'exercice.

Sous un Gouvernement juste et paternel on pourrait régulariser l'exercice de ces droits, et l'on préviendrait aisément les légers inconvéniens d'une abusive importunité. L'intrigue cessant d'être l'unique moyen de réussir dans les demandes, on reverrait renaître insensiblement dans tous les emplois la délicatesse et cette émulation si désirable dans toutes les branches de l'administration.

La justice attache plus de sujets au Monarque que la faveur proprement dite, quoique celle-ci soit cependant nécessaire. On oublie rarement le bienfait de l'une, et l'autre au contraire ne fait souvent que des ingrats.

Buonaparte, ne voulant que des hommes nouveaux qui ne pussent admirer que lui, redoutait les hommes d'un âge mûr; et il n'était pas rare de voir un jeune homme venir commander à un homme expérimenté, sous lequel il aurait dû apprendre.

Art. XXVIII. « Toutes les lois actuellement existantes restent en vigueur, jusqu'à ce qu'il y soit légalement dérogé. Le Code des lois sera intitulé *Code civil des Français* ».

Il était impossible, en peu de jours, d'anéantir les lois et les décrets de circonstances; mais il va devenir nécessaire, pour éviter les contradictions, d'en faire une énumération, afin qu'elles ne subsistent plus sous le règne d'un Roi légitime.

Art. XXIX. « La présente Constitution sera soumise à l'acceptation du Peuple français, dans la forme qui sera réglée. Louis-Stanislas-

Xavier sera proclamé Roi des Français, aussitôt qu'il aura juré de l'observer et de la faire observer. Ce serment sera réitéré dans la solennité, où il recevra le serment de fidélité des Français ».

Cet article renferme deux choses de la plus haute importance ; l'acceptation du Roi et celle du peuple.

DE L'ACCEPTATION DU PEUPLE.

La mauvaise foi, le charlatanisme et le crime ont presque toujours présidé dans cet acte si essentiel. Avec des coups de canon on termina la difficulté sur l'acceptation de la Constitution directoriale et sur la conservation des membres de l'Assemblée nationale, qui avaient fait cette Constitution.

C'est avec la baïonnette que, le 18 brumaire, Buonaparte changea la Constitution de l'Etat.

Lorsqu'il usurpa le consulat à vie, il lui fallait un simulacre de consentement par la Nation entière. Voici les moyens qu'imaginèrent lui et ceux qui le portaient à l'Empire. On commença par demander le vœu isolé et par signature de tous les membres des corps de l'Etat, de toutes les administrations tant civiles que militaires : chacun, interpellé nominativement, était exposé par son refus à encourir pendant toute sa vie la disgrâce ou la vengeance de l'usurpateur. Il y eut quelques hommes courageux qui nominativement votèrent contre lui, d'autres qui ne répondirent à aucune interpellation ; mais la masse des votes extorqués à la faiblesse, à la crainte et à l'intérêt personnel était si grande, que le fonctionnaire public ou le citoyen paisible ne pouvaient plus se mettre en opposition par un refus formel au vœu, soit libre, soit extorqué, de toutes les autorités supérieures. Bientôt tous les fonctionnaires publics, tous les employés, tous les agens, tous les salariés de l'Etat furent mis dans le devoir et dans l'obligation de consentir à ce consulat à vie, qui était la première marche du trône ; et lorsque Buonaparte se fut fait offrir l'Empire et qu'il l'eut usurpé, on prit les mêmes mesures qui avaient si bien réussi la première fois ; on les prit avec d'autant plus d'assurance que la puissance de Buonaparte avait été toujours en croissant, et que peu de personnes n'auraient osé compromettre leur sort et celui de leur famille par un refus qui n'aurait pas empêché que Buonaparte ne fût Empereur. S'étant, comme nous l'avons dit, rendu le centre de tout, il exigeait qu'on fît des recherches relativement au vote de chaque candidat qui lui était présenté; et quiconque était nommé devait prêter serment de fidélité à l'Empereur et aux Constitutions de l'Etat. Ainsi les consentemens et acceptations, comme on le voit, étaient indubitables; et au bout d'un certain laps de temps presque tous les Français devaient se trouver liés par un serment à l'usurpateur.

Certes, si pour la Constitution actuelle on exigeait le vœu isolé et par signature de chaque citoyen, la Constitution serait-elle la plus dangereuse et la plus défavorable qu'on pourrait imaginer, que l'on serait sûr d'obtenir par ce moyen l'acceptation de presque tous ceux qui savent signer; et si l'on avait à craindre que le refus formel d'hommes courageux et marquans ne vînt contrarier cette acceptation, comme en vendémiaire, en braquant des canons dans les rues des grandes villes et en tirant à mitraille, on parviendrait à obtenir l'expression libre de la volonté du Peuple français.

Mais si l'acceptation de la Constitution, au lieu d'être une escobarderie, est, comme il est certain, l'acte le plus solennel que puisse faire une Nation, il faudra choisir un mode d'acceptation qui soit digne d'une Nation libre, et surtout d'un Monarque qui monte sur le trône, non par l'usurpation, mais avec les droits les plus sacrés.

Et que l'on se pénètre bien de toute l'importance de cette acceptation par le peuple, d'après un mode digne de lui; regardons la position du Monarque. S'il ne pouvait, par des raisons de sagesse, faire contre cette Constitution toutes les objections dont elle serait susceptible, le peuple devrait-il considérer son acceptation pure et simple comme un exemple qu'il devrait suivre, et devrait-il laisser son Roi garrotté et enchaîné, au point de ne pouvoir jamais faire le bonheur de son peuple?

Ce peuple doit donc pressentir les besoins de son Monarque, ses vues et ses projets pour le meilleur Gouvernement de la Nation, aller au-devant et se concerter avec lui, comme des enfans avec leur père. Il doit donc avec calme et prudence concourir avec le Monarque à la perfection d'un acte auquel son salut est attaché. Sur ce point de l'acceptation par le peuple, le vœu devrait être entièrement libre, et s'il ne l'était pas, comme à proprement dire, il n'y aurait pas d'acceptation; rien ne garantirait la durée et la stabilité de l'Acte constitutionnel.

DE L'ACCEPTATION PAR LE ROI.

Nous avons dit dès le commencement que la venue de Louis XVIII était un événement réservé par la Providence, pour confondre l'orgueil et les projets des hommes, et pour leur donner le plus éclatant témoignage du triomphe de la justice et de la vertu sur toutes les iniquités.

Est-ce une vision? est-ce un paradoxe?

Que les sceptiques veuillent écouter un instant.

Nos Princes légitimes qui ont quitté un sol natal ensanglanté, de divisés, proscrits, errans qu'ils étaient, se sont réunis; ils vivent.

Leurs ennemis ont épuisé en France tout ce que l'imagination pouvait leur suggérer pour changer les idées, les mœurs, les institutions; ils sont parvenus à créer une forme de Gouvernement et à donner des lois qui excluaient toute possibilité du retour de ces Princes. Le territoire, par les mesures prises, devait être pour eux la terre maudite, exécrée, une terre étrangère, dans laquelle ils n'auraient plus retrouvé ni partisans, ni hommes intéressés à les voir triompher de leurs malheurs.

Si parmi les différens partis qui s'élevèrent on entrevit quelquefois de vrais royalistes, les coups qui furent portés contre eux furent si terribles et si cruels, que les partis opposés en reprirent une plus grande vigueur et un nouvel accroissement de puissance qui devait ôter toute espèce d'espoir; enfin à la chute du Directoire, dans le moment de la plus extrême lassitude, au lieu d'appeler les Bourbons sur le trône, on élève Buonaparte à l'autorité suprême, et il semble qu'il fallait que la génération vît passer en peu d'années, sous ses yeux, toutes les formes de Gouvernemens, afin qu'elle reconnût les abus et les dangers.

Buonaparte commença avec sagesse et fermeté; il ramène à l'obéissance, fait renaître pas à pas les institutions qui avaient été renversées; il apaise les haines, comprime toutes les factions, fait renaître le crédit public et met les lois en vigueur. Les armées semblent partout victorieuses; voilà un simple citoyen devenu Prince, et un Prince dont le règne semblait promettre à tout une prospérité durable; voilà un peuple qui, sorti du chaos des révolutions, croit voir un bel ordre de choses, et qui est déjà accoutumé à l'obéissance et à un véritable respect. La paix devait couronner tant de succès, et Buonaparte avait le plus grand intérêt d'employer tous les moyens possibles pour l'obtenir. Criminel sans doute par l'assassinat du duc d'Enghien, qu'on crut l'effet d'une inquiète jalousie, mais assassinat qui, fait dans l'ombre, n'avait pas produit sur le peuple une aussi profonde impression que le jugement de Charles Ier et de Louis XVI, Buonaparte n'était pas encore aussi exécré que le furent Cromwel et les assassins de Louis XVI. Ne pouvait-il imiter la prudence de ce même Cromwel qui parvint à se faire reconnaître par tous les Rois de l'Europe, et qui régna, jusqu'à sa mort, protecteur de la République? Non; il faut que les Princes français donnent ce spectacle d'un retour plus inopiné que celui de Charles II au trône de son père, et il faut que ce soit Buonaparte lui-même, intéressé et soigneux à les écarter, qui les fasse revenir plus promptement. Il faut que tous ces dehors de prospérité publique ne soient qu'un exemple pour prouver à un peuple les bienfaits d'une sage administration, la nécessité d'un Gouvernement monarchique. Il faut que tout cela ne soit qu'une illusion, qu'un songe, parce que cet édifice qui se base sur l'usurpation, sur une vaste ambition et sur le crime, doit s'écrouler avec fracas et avec plus de rapidité qu'il ne s'est élevé.

Buonaparte, criminel au fond de l'âme, extravagant dans ses crimes, se livre aux plus basses trahisons. Il immole les Souverains ses alliés, ses bienfaiteurs; il crée et dépose des Rois, insulte, outrage les plus puissans; il veut la conquête de tous les Etats; il marche de succès en succès, mais il échappe aux plus grands dangers, et l'impunité semble avoir consacré ses crimes et son inviolabilité.

En vain des coalitions ont été formées; il est parvenu à détacher les Puissances les unes des autres. Leurs intérêts divers lui servoient de bouclier et de rempart; il parvient à obtenir une illustre alliance qui semblait devoir exaucer tous ses vœux, satisfaire toute son ambition, consolider sa puissance et être l'acheminement à une paix durable; mais Buonaparte, comme poussé par son génie infernal, ne veut point de paix; il résiste au vœu prononcé de toute l'Europe, aux besoins et aux cris de tous ses sujets. Son heure est marquée; l'intérêt général de tous les peuples ouvre les yeux de tous les cabinets; les cœurs et les esprits n'ont plus qu'une opinion, il faut se réunir pour faire rentrer ce farouche usurpateur dans les justes limites. Tous les moyens sont combinés pour le succès, mais cependant des propositions de paix honorables sont encore préparées et proposées pour éviter l'effusion du sang qui va couler à grands flots. Buonaparte fait fautes sur fautes; il sacrifie son armée, et il ne se trouve pas heureux encore d'accepter une honorable paix.

Les siens, au lieu de connaître la nécessité de le déposer et de mettre en sa place un chef ou un Gouvernement pacificateur, imaginent avec lui tous les moyens de défense que la rage et le délire peuvent imaginer. Il faut que tout l'Empire, que trente millions d'hommes soient armés contre leur volonté même; il faut que, par une résistance à jamais célèbre par son atrocité, toutes les Puissances coalisées viennent trouver la captivité ou la mort chez cette Nation que le tyran veut lever en masse pour le défendre; ou bien il faut que tous les citoyens périssent sous les décombres de leur cité. Buonaparte, dans cette situation qui devait lui présager tous les malheurs de sa chute même, dans ces extrêmités ne veut point encore de paix; et cet homme, qui a pris le Caire, Madrid, Rome, Vienne, Berlin et Moscou avec des millions d'hommes armés, ne pourra défendre sa capitale. Il aura provoqué toutes les vengeances, toutes les fureurs. Il sera contraint de se trouver en personne en plusieurs batailles, au milieu d'un monde qui l'abhorre, et il ne mourra pas. Il sera vaincu de toutes parts, et cette capitale sur laquelle il appelle, il défie toutes les vengeances, cette France, qui pourrait être divisée et partagée, ou tout-à-fait ruinée, cette capitale et cette France sont sauvées. Qui les sauve? la volonté unanime de quatre Souverains, qui pouvaient avoir des intérêts divers. Qui les sauve? la grandeur d'âme unanime de quatre Souverains, à la tête de six cent mille hommes; trait unique dans les Histoires anciennes et modernes. Qui les sauve encore? la venue simple et modeste de l'héritier légitime du trône, proscrit et errant depuis vingt-cinq ans, et qui, au lieu de dicter la loi à des vaincus, ou de la faire dicter par des Souverains généreux qui ont embrassé sa défense, ne demande au contraire qu'à régner d'après les lois que cette Nation va se donner elle-même.

Buonaparte ne meurt point sur un champ de bataille; ce ne sont point la religion ou la philosophie qui lui font supporter son infortune; un beau désespoir n'arme point son bras pour lui donner la mort. La vengeance divine s'appesantit sur lui pour lui faire avaler goutte à goutte le calice de la honte et de l'humiliation. Il voit les Souverains qu'il a opprimés et trahis, rentrer dans leurs États, aux acclamations de tous les peuples; il voit arriver et monter sur un trône plus modeste, mais bien plus élevé que le sien, son Roi même qu'il a trahi, persécuté et méconnu; enfin il est conduit dans une île éloignée par un petit détachement de troupes de chacune des Puissances que naguère il insultait du haut de son trône avec tant d'insolence.

Eh! sceptiques, vous ne voyez pas, dans ce concours d'événemens extraordinaires qui vous sauvent, l'intervention de la Sagesse divine. Vous ne voyez pas que, malgré tous les projets des Souverains, des Princes et de leurs dévoués en France, il ne fallait qu'un instant, qu'un mot pour que, au lieu d'être sauvés, vous fussiez à jamais perdus.

Vous ne voyez pas cet exemple frappant, que le crime ne reste jamais impuni. Vous ne voyez pas cette Providence qui se joue des vaines mesures des hommes, et qui, lorsqu'il lui plaît, lorsque le temps est venu, fait triompher la justice et la vertu de la manière la plus éclatante.

Mais admirez encore comme, malgré l'Acte constitutionnel même et sa dernière clause, par un enchaînement d'événemens surnaturels, le frère de Louis XVI est appelé à régner sur vous.

Louis XVI, vous le savez, avait accepté une Constitution qui le reconnaissait Roi des Français ; sa personne était inviolable et sacrée, et les droits de sa dynastie étaient consacrés. Ce ne fut que par une faction qu'il fut renversé du trône et qu'il perdit la vie. Jamais les factions et les crimes n'ont pu détruire des droits aussi sacrés. Quels actes ont remplacé la Constitution de 1790? Nous l'avons vu ; quatre Constitutions, la républicaine, la directoriale, la consulaire et l'impériale ; et ces quatre Constitutions ont été successivement renversées et abolies.

Buonaparte est déchu, il a fait abdication pour lui et toute sa famille ; que reste-t-il donc ? ou les vainqueurs pour partager votre territoire, ou celui dont ils ont embrassé la défense, Louis XVIII, ayant pour titres les lois anciennes du Royaume et la Constitution de 1790, dont l'exécution a été suspendue par des crimes.

Le dernier article de l'Acte constitutionnel dit que *Louis-Stanislas-Xavier* sera proclamé Roi, aussitôt qu'il aura juré et signé par un acte patent : « J'accepte la constitution, je jure de l'observer et de la faire observer ». Mais le Sénat n'a point le droit de nommer un Roi, un Empereur ; et si Louis-Stanislas-Xavier ne voulait point accepter cette Constitution, il en résulterait donc, d'après cet article, qu'il ne serait pas proclamé Roi. Qui serait donc à sa place, puisque le Sénat ne peut s'emparer de l'autorité suprême, puisqu'il ne peut exercer le pouvoir législatif et le pouvoir exécutif, puisqu'il n'était que conservateur des lois de l'Empire ?

La Nation, sans chef légal, se jeterait-elle dans l'affreuse anarchie, en retournant à un fantôme de république? Ou croit-elle se précipiter dans les bras d'un autre usurpateur?

Elle le vroudrait, que tout ce qui vient de se passer lui en démontrerait la folie et l'impossibilité.

Son chef, son Roi est proclamé par une loi faite et acceptée par le peuple lui-même.

Louis-Stanislas-Xavier est Roi légitime, en vertu de la Constitution de 1790, et il peut monter au trône, et se faire sacrer indépendamment du Sénat et de toutes les conditions qu'il voudrait lui imposer. Il ne peut y avoir interrègne, d'acceptation de condition, *sine quâ non*; le décret est incontestable, autant par les lois divines que par les lois humaines : prenant donc les choses dans l'état où elles étaient au 10 août 1790, le Roi peut convoquer les Assemblées primaires, les Corps électoraux et une Assemblée nationale. Il est certain que la Nation assemblée, bien loin d'hésiter, lui donnera des témoignages éclatans d'amour, de confiance et de dévouement; qu'après vingt-cinq ans de malheurs et de Gouvernemens successifs, elle s'empressera d'offrir tout ce qui pourra contribuer à faire respecter la majesté et l'autorité royale, et à l'affermissement des Bourbons sur le trône de leurs aïeux.

Sans attendre l'acceptation du projet de Constitution, nous pouvons donc saluer notre Roi LOUIS XVIII, et remercier la divine Providence qui nous l'envoie, pour prévenir tous les déchiremens et rallier tous les esprits à un droit imprescriptible. Sa sagesse et son amour pour son peuple l'ont assez éclairé, pour ne vouloir régner que d'après des lois fixes et établies; elles existent déjà : si des changemens sont nécessaires, il les indiquera, et des commissaires revêtus de ses pouvoirs, avec des députés de la Nation librement élus, examineront, dans le calme et dans le recueillement, ce qui pourra rendre enfin à cette Nation tant abusée, tant opprimée et si malheureuse, le repos dont elle a un si grand besoin.

FIN.

www.ingramcontent.com/pod-product-compliance
Ingram Content Group UK Ltd.
Pitfield, Milton Keynes, MK11 3LW, UK
UKHW020324250726
13967UKWH00004B/1840

9 782012 955448